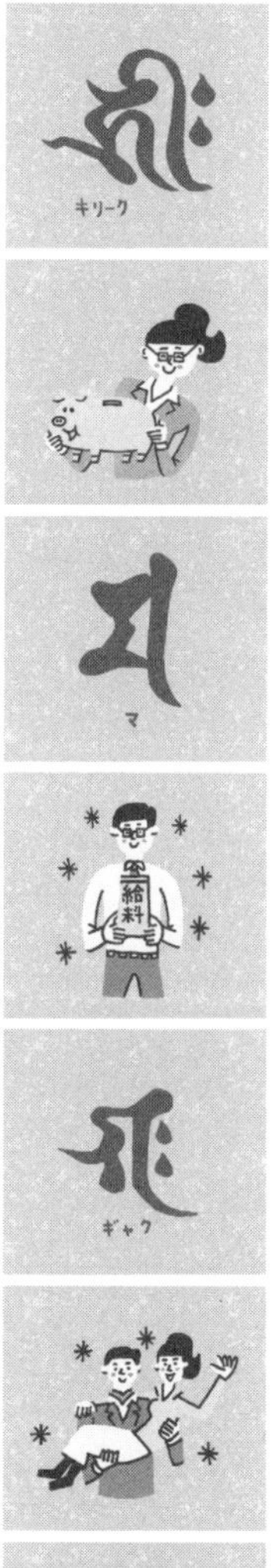

なぞって書いて
運がつく！

金運を招く「梵字」

占術師・開運アドバイザー
波羅門
BARAMON

The Sanskrit Alphabet:
Bringing More Happiness
into Your Life

角川フォレスタ

目次

金運を自在に呼び込むために　4

第1章　金運に恵まれる3つの知恵を習得しよう

・あなたが金運に恵まれない理由　8
・「真言」は仏様に願いを届ける呪文　10
・「手印」は仏様の御姿の象徴　12
・「手印」を結ぶときの心得　14
・「梵字」「真言」「手印」で最強の運気を呼び込む　16

第2章　なぞって！　書いて！　梵字で金運を引き寄せる！

・金運上昇　20
・金運招来　22
・金銀財宝に恵まれる　24
・種銭がどんどん増えていく　26
・蓄財運が上昇する　28
・給料やボーナスがアップする　30
・商売繁盛　32
・立身出世で金運上昇　34
・人脈から金脈を引き寄せる　36
・努力に見合った収入を得られる　38
・お金を生み出す知恵を授かる　40

・迅速に資金調達できる　42
・宝くじの当選率がアップする　44
・ギャンブルに強くなる　46
・玉の輿運をつかむ　48
・お金が集まる家になる　50
・金欠の窮地から救われる　52
・無駄遣いをなくす　54
・貸したお金を取り戻す　56
・貧乏神を追い払う　58
・盗難・詐欺を回避する　60
・いまある財産を守る　62
・生まれ月の守護梵字　64

巻末スペシャル付録　お財布やバッグに入れて持ち歩ける携帯用「金運梵字」
・携帯用「金運梵字」の使い方　82

「梵字」と「手印」を日々の習慣に　91

企画構成　和場まさみ
本文イラスト　成海柚希

金運を自在に呼び込むために

幼い頃から祖母に教えてもらっていた「梵字」の素晴らしさを、書籍を通じてみなさんにお伝えしたのは約半年前のこと。初めての試みだったこともあり、「梵字」の尊さやありがたさをきちんと表現できたかどうか内心不安だったのですが、思わぬ反響をいただいて、ただただ驚いております。

しかしそれを、決して自身の功績であるとは思っていません。

混沌とした、先の見えない世の中を生き抜いていかなければならない時代。誰もが、常に心のどこかで「確かなもの」や「いざというときに頼れるもの」を求めていると言えます。「梵字」には、そんな私たちが必要とする力が宿っている──だからこそ多くの人が興味を持ち、手に取ってくださったのでしょう。

今回紹介する「梵字」は、私を含むみなさんが求めて止まない「金運」を強化し、上昇させるものばかりです。不謹慎と思われる方もいらっしゃるかもしれませんが、現世に生きる以上、お金は必要不可欠なもの。欲張ってはいけませんが、足りないと困るのも確かです。

今回は、金運をより大きく開花させるために「手印《しゅいん》」も加えました。これは、「梵字」に宿る仏様としっかりと「契約」を結ぶために必要なもの。少し難しいかもしれませんが、練習をしてみてください。「梵字」をしたため、指でなぞり、さらに「手印」を結んで「真言」を唱えれば、まさに鬼に金棒です。

ただし、仏様と契約を結んだからには心を清く正しく保たなければなりません。金運がついたら、自分のためだけではなく、大切な人や世の中の人々のために施すことを忘れないでください。ほんの少しでかまいません。その行ないが仏様への恩返しとなります。すると仏様もたいそう喜ばれて、さらなるしあわせと金運を与えてくださるでしょう。

波羅門　拝

第1章

金運に恵まれる
3つの知恵を習得しよう

あなたが金運に恵まれない理由

ある高名な僧侶から、こんな話を伺ったことがあります。

「仏教が説く世界には、三途の川というものがある。多くの人は、この世を去ってから渡る川だと思っているが、実はいまこの世界に生きている私たちが渡るものなのですよ」

この世を流れる三途の川は3つの意味を持っており、どんな渡り方をするかによって川が浅くなったり深くなったりするのだそうです。

ひとつ目は「貪欲」。仕事でお金を稼ぐことは当たり前にやらなければならないことですが、他人をだまして金品を奪ったり、誰かを陥れて己の利を得れば、渡る川は深くなります。

ふたつ目は「愚痴」。不平不満が出るのは、物事を自己中心的に考えているからであり、つまりは感謝が足りないということです。そういう人にはなかなか幸運というものは訪れないでしょう。なぜならこの世には、徳を積めば徳に恵まれ、マイナスを積めばマイナスしか返ってこないという、「因果応報の法則」があるからです

３つ目は「百八つの煩悩」です。これをどれくらい貪っているのか、欲望を６割７割程度に抑えた人生を楽しんでいるのなら、渡る川は浅くなるそうです。

このお話は、私たちが正しく生きるために必要な知恵を説いています。つまりこの３つのことに注意していれば、渡る川はいつも浅く、苦労せず楽しく渡れるということです。それこそが「運のよい人生」であり、そこには楽しく使えるお金もおのずと集まってくるのではないでしょうか。

いま、あなたが金運に恵まれていないのなら、深い川にハマっている最中なのかもしれません。その川から抜け出すための引導として、金運の「梵字」を活用してみてください。書くほどに、なぞるほどに、川はどんどん浅くなっていくでしょう。

「真言」は仏様に願いを届ける呪文

「梵字」は、古代インドから中国へ、それから日本へと伝わってきた文字で、宗教とともに発展してきました。「梵字」で書かれた経典は「読めば仏の教えを知ることができる」とされ、空海を開祖とする真言密教では「梵字」の一文字一文字は仏様の姿そのものであり、計り知れない知恵と功徳が宿っているとされています。

そんな「梵字」と、対になっているのが「真言」です。

サンスクリット語では「マントラ」と言い、「真実の言葉」という意味を持っています。発祥はやはりインドで、最古の聖典「リグ・ヴェーダ」の中にある、神々への帰依や祈願を綴った讃歌が、そのルーツにあたるとされています。あらゆる願いを叶えるための呪術として発展、やがて仏教界に取り入れられて中国へ、そして後に空海が広めた真言宗とともに日本へと伝わってきました。

仏教にはもうひとつ「陀羅尼」という呪文があります。これは先ほどの「真言」とは意味や起源が異なるものですが、日本ではこのふたつを習合して「聖なる語句」＝「真言」と呼ぶことが多いようです。これは、空海が中国から帰国した際、学んできた真言宗に「真言陀羅尼宗」と名付けたことにも表れています。

陀羅尼とは、梵語「ダーラニー」の音写で、仏様が説法をするときに身体から発する光の中で説かれたものであり、精神と叡智の力によって起こされる奇跡を通してあらゆる災難を退ける霊力を持つと言われる言葉です。その一字一字に仏様の願いが込められていて、しかもその言葉は絶対的な効力を持つ真実の言葉であるゆえに「真言」とも呼ばれているのです。

つまり「真言」とは、仏様に願いを直接届けることができる、聖なる真の言葉ということ。本来は、僧侶や師と呼ばれる立場の方から伝授されなければ効力を発揮しないと言われていますが、仏様を心に想い、感謝を捧げながら唱えれば、世俗に生きる私たちにも功徳が与えられると私は信じています。

「手印」は仏様の御姿の象徴

今回は「梵字」と「真言」に加えて、「手印」も紹介しています。「印契《いんげい》」「印相」「密印」など呼び名はいくつかありますが、本書では「手印」と表現します。

奈良の東大寺に座す大仏様を、実際に目にしたことがある人も多いはず。右手を上げて正面に向け、左手は何かを乗せているような形になっています。これらはどちらも「手印」のひとつで、紀元後にインドで仏像が造られるようになった初期の頃には、既に造形されていました。ちなみに右手の「手印」は「施無畏印《せむいいん》」と呼ばれるもので、「衆生の恐れを取り除き、安心を施す」という意味を持ち、左手の「与願印《よがんいん》」は「願望を叶える」という意味を持っています。

「手印」は、仏陀の生涯に渡る徳性を「聖なる手振り」として仏像に表現することから始まりました。そして密教の時代になると技巧的に組まれるようになり、やがて「聖なる語句」である「真言」との関わりを持って説かれるようになっていきます。

「手印」はサンスクリット語で「ムドラー」と言います。元来は印章や印鑑を意味する言葉だったようですが、仏教においては神聖なる存在＝仏様の姿を表すものだとされています。つまり、手を組み合わせて「手印」を「結ぶ」ことで、それが仏様そのものの象徴になるということです。

密教における「手印」は、仏様や菩薩様の悟り・救済・功徳の象徴とされています。その種類は１００以上あり、ひとつひとつに異なった仏様が宿っていらっしゃいます。本来「手印」は、密教行者が修法の中で結ぶべきものだとされていますが、たとえば両手を合わせる「合掌」や、手を固く握る「拳」も「手印」の基本形のひとつであることから考えると、私たちも人生という荒行の中で何気なく「手印」を結んでいるわけです。そこにさらに意識を集中させて、仏様の姿を浮かべながら「手印」を結べば、人生の行者として功徳を与えていただくことができるでしょう。

「手印」を結ぶときの心得

「手印」は、両手を使って結ぶものですが、手と十指にはそれぞれ密教的な意味が込められていて、左右で対応しています。

まず両手には5つ、対応している言葉があります。
「禅」（左）—「慧」（右）、「慈」（左）—「悲」（右）、「衆生界」（左）—「仏界」（右）、「止」（左）—「観」（右）。

十指も同様に5つ、左右で対応しています。
「慧（智慧）」（左小指）—「壇（布施）」（右小指）、「方（方便）」（左薬指）—「戒（持戒）」（右薬指）、「願」（左中指）—「忍」（右中指）、「力」（左人さし指）—「進（精進）」（右人さし指）、「智」（左親指）—「禅」（右親指）。

さらに両手のことを「二羽」または「円満」、掌中を「月」と呼び、小指は

「地」、薬指は「水」、中指は「火」、人さし指は「風」、親指は「空」と呼んで五指合わせて「五輪」とされています。

手と指に込められた言葉とその意味を感じながら「手印」を結べば、より仏様に想いや願いが通じやすくなり、効果がグンと上がることでしょう。

密教では「印は軽々しく結んではならない」とされているので、さらに最低限の作法も必要になります。ただし、中には結び方の難しいものもありますから、練習を行なっている際には作法に捉われる必要はありません。

スムーズに、正しく「手印」を結べるようになったら、まず手を組み合わせる前に正座をして姿勢を正し、両手を身体の正面に持っていきます。そして鼻から息を吸い、口から息を吐いて呼吸を静かに整え、日常生活で感じているさまざまな感情を払い、願望に心を集中させてゆっくりと手を結んでいきましょう。

早朝の静かな時間に心を落ち着けて行なえば、仏様に心がより通じやすくなります。また「手印」は秘伝の技ですから、たとえば外出先でとっさに結ばなければならない場合は、他人に見られないように行なうことが必要です。

「梵字」「真言」「手印」で最強の運気を呼び込む

「梵字」は仏様そのものが宿る文字、「真言」は仏様に直接願いを届ける呪文、そして「手印」は仏様の姿を表すもの――この3つの要素が、それぞれに呼応しあっていることはおわかりいただけたと思います。

密教では、「手印」を結ぶことで普段の行ないから作られた「業」が浄化され、真言を唱えることで言葉によって作られた「業」が浄化され、仏様の姿を観思することで心に積もった「業」が浄化される、と考えられています。

これは、密教の行者の「身・口・意」の3つの活動（三業《さんごう》）が、仏様の三密（身・口・意）と一致することで人格が鍛えられ、生きながらにして仏様の徳性を体得できることを意味しています。

私たち衆生の人間も、人生という険しい修験の道を歩んでいます。ときには雨に打たれ、風に飛ばされ、焼けつく太陽の下にさらされて、じり貧の思いをすることもあるでしょう。社会という荒波の中でもみくちゃにされて、泣きたくなるときもあるでしょう。そうした日々の営みの中で、知らず知らずのうちに「業」を重ね、心身ともに汚れてしまっているかもしれません。

仏様が与えてくださった「梵字」「真言」「手印」は、そんな私たちの最強の味方となる3つの知恵です。毎日ひたすら練習を重ねれば、心身が浄化され、仏様の力が入り、どんどん運気が上がっていくでしょう。

心で仏様の姿を想い描きながら私が振った書き順に習って「梵字」を書く、またはなぞった後、「手印」を結んで「真言」を三回ないし七回唱えてください。3つの知恵に宿った仏様が、必ずあなたの願いを聞き届けてくれます。

第2章

なぞって！ 書いて！ 梵字で金運を引き寄せる！

梵字の筆順には諸説あります。このため本章の筆順は、常日頃、著者が梵字を書くときの筆順を付しました。

金運上昇

読み

タラーク

守護仏

宝生如来《ほうしょうにょらい》

真言

オン　アラタンノウ
サンバンバ　タラク

梵字

その名のとおり
財宝と福徳を
与えてくださいます

筆順

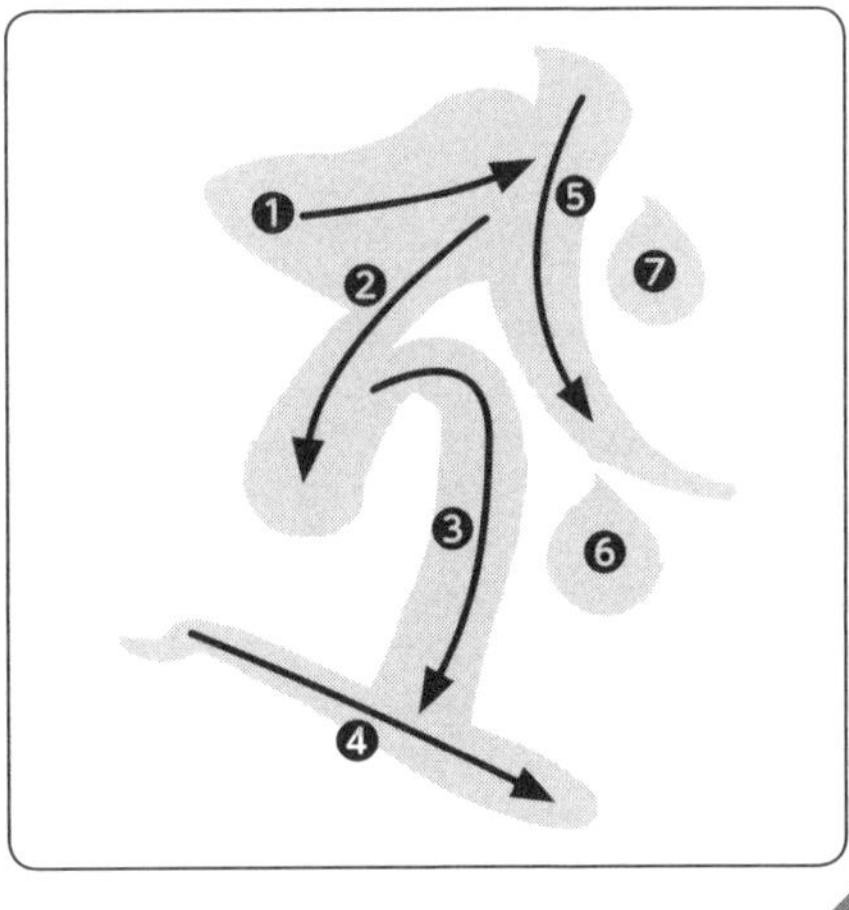
❶
❷
❸
❹
❺
❻
❼

手印

タラークの印

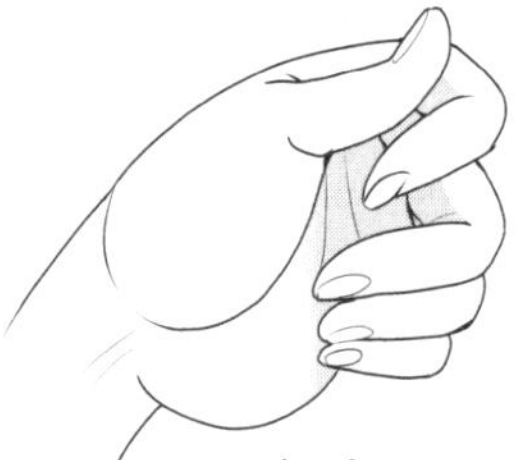

左手

〈向かって右方向から見た図〉

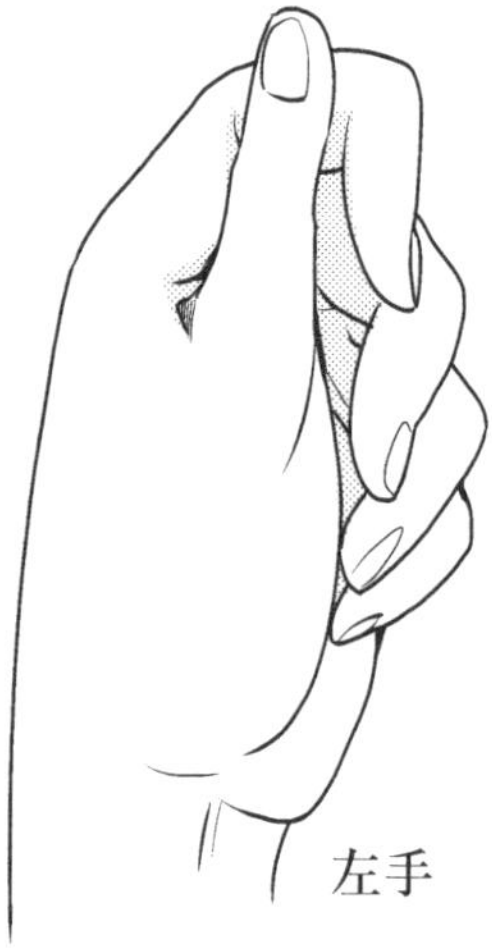

左手

〈自分側から見た図〉

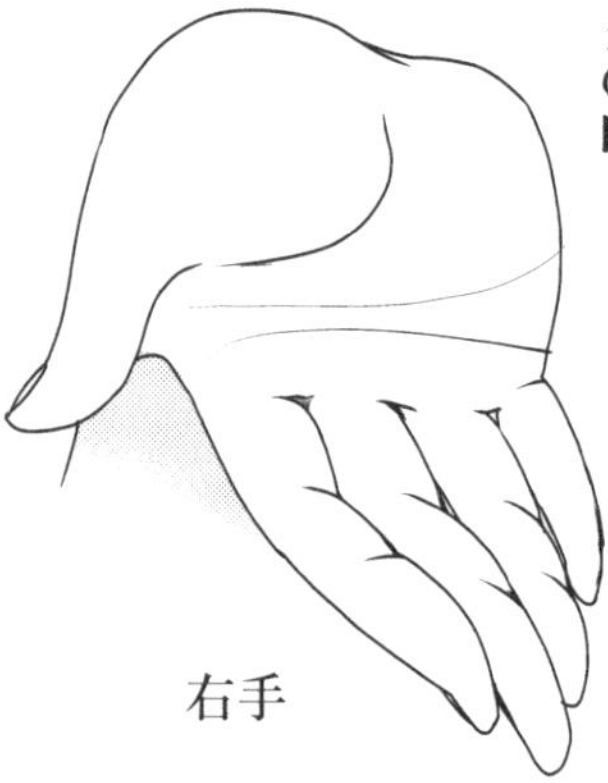

右手

〈正面から見た図〉

結び方のコツ

右手を膝の上に置き、そのまま指先を下にして、手のひらを正面に向ける。左手は布を握るような感じで縦に拳を作ります。

功徳

この印を結ぶと、五指の間から願いを叶える「如意宝珠」という宝の珠が降り注ぐと言われています。

金運招来

読み

マ（マウ）

守護仏

摩《ま》利《り》支《し》天《てん》

真言

ノウマク　サマンダ　ボダナン

オン　マリシ　ソワカ

財福をもたらすとして信仰を集めている仏様

梵字

筆順

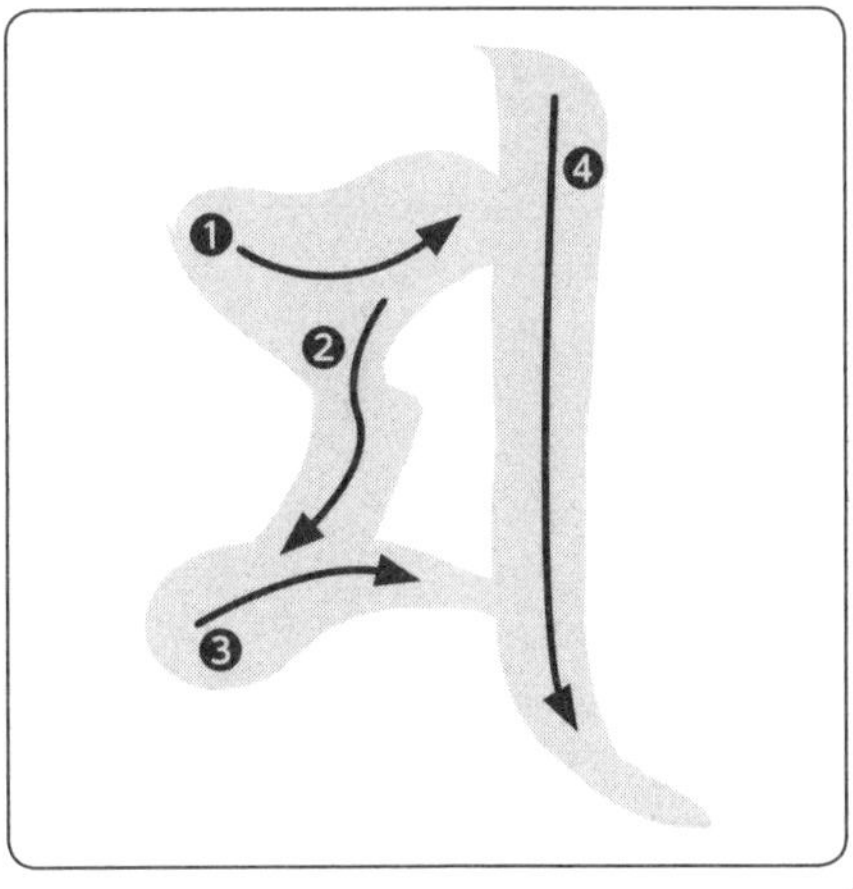
❶
❷
❸
❹

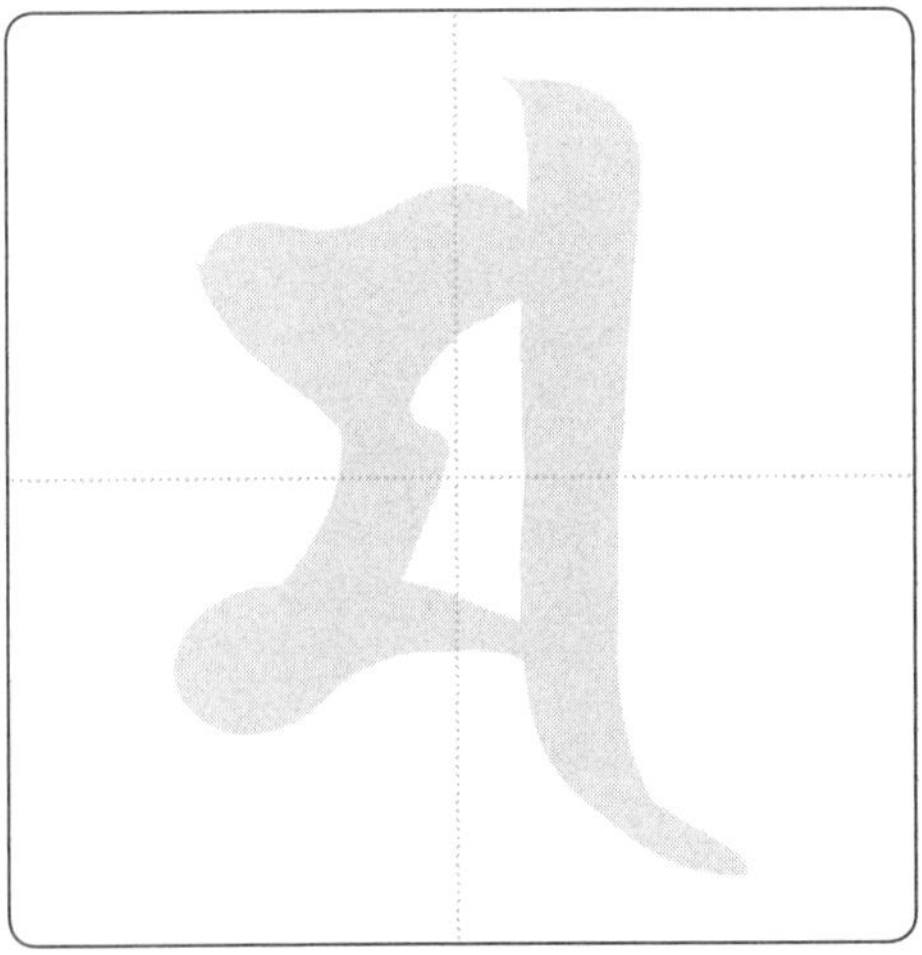

手印

マの印

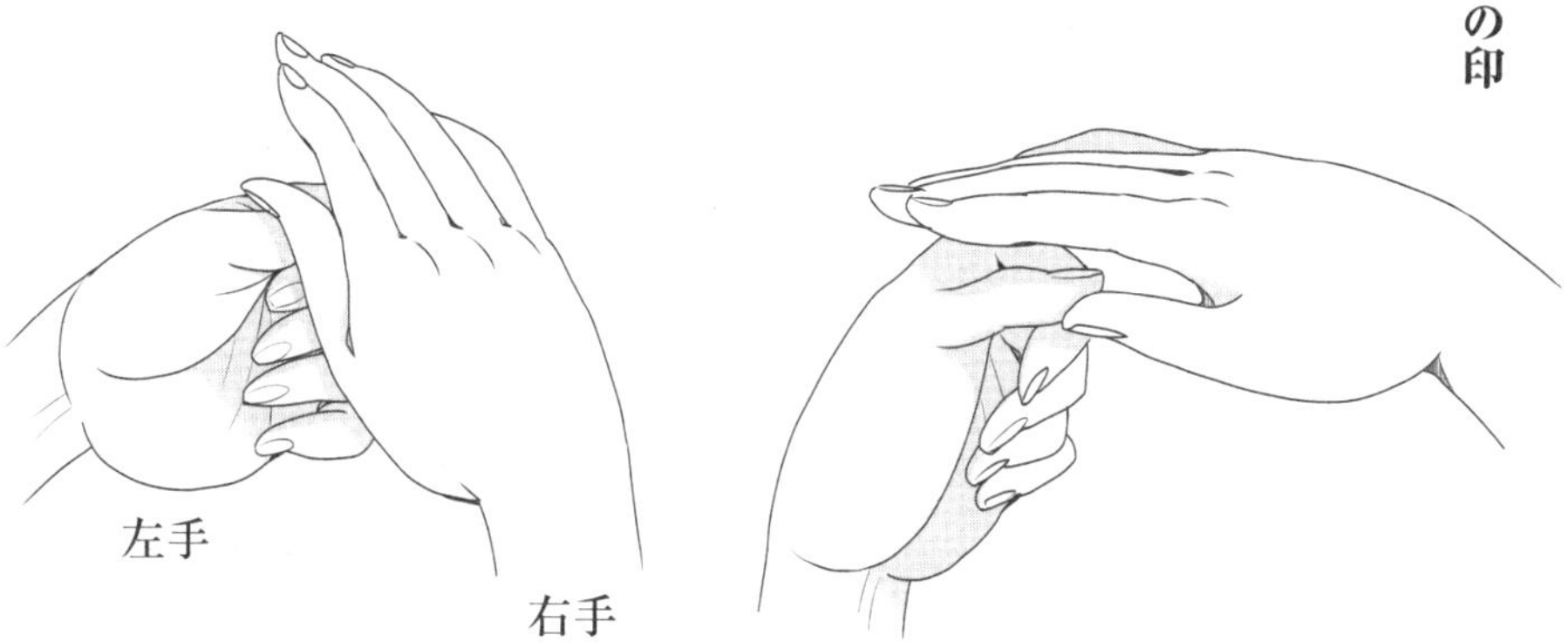

〈上方向から見た図〉　〈自分側から見た図〉

結び方のコツ

左手で拳を作り、筒になるように握ります。その筒に蓋をするような感じで右手の手のひらを乗せます。

功徳

左手で作った筒の中に自分が入るようなイメージを持って印を結び、真言を唱えることで災難を免れ、財福の利益を呼び込めます。

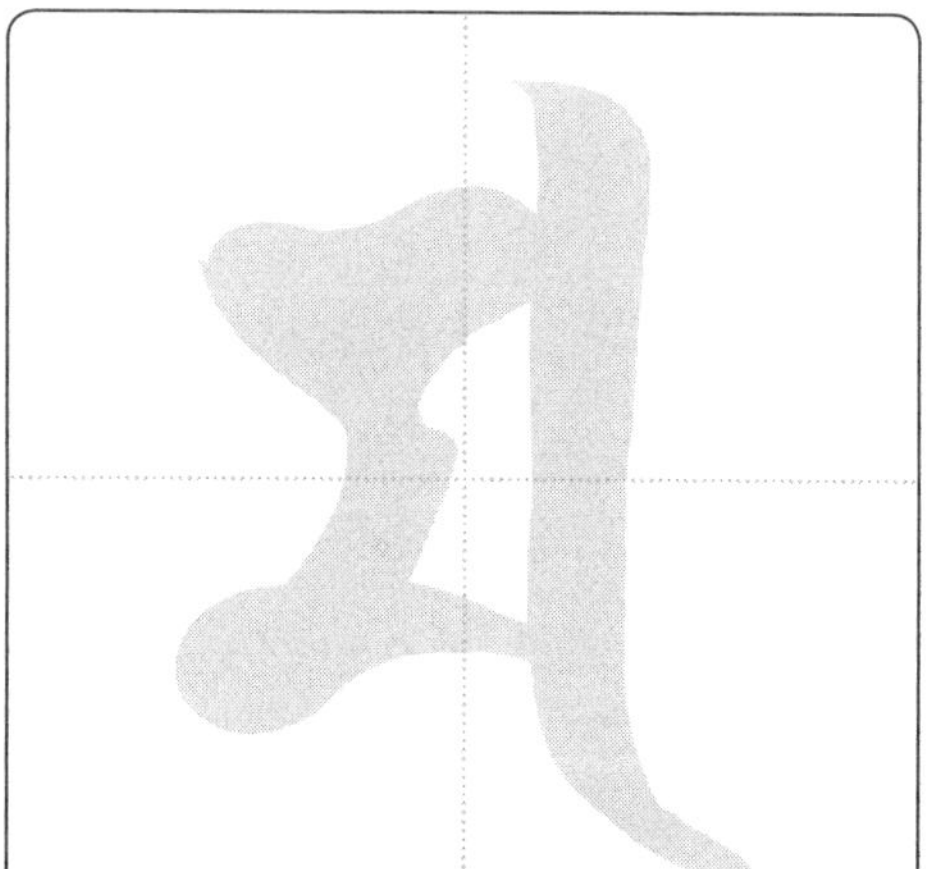

金銀財宝に恵まれる

読み
ソ

守護仏
弁財天《べんざいてん》

真言
オン　ソラソバテイエイ　ソワカ

梵　字

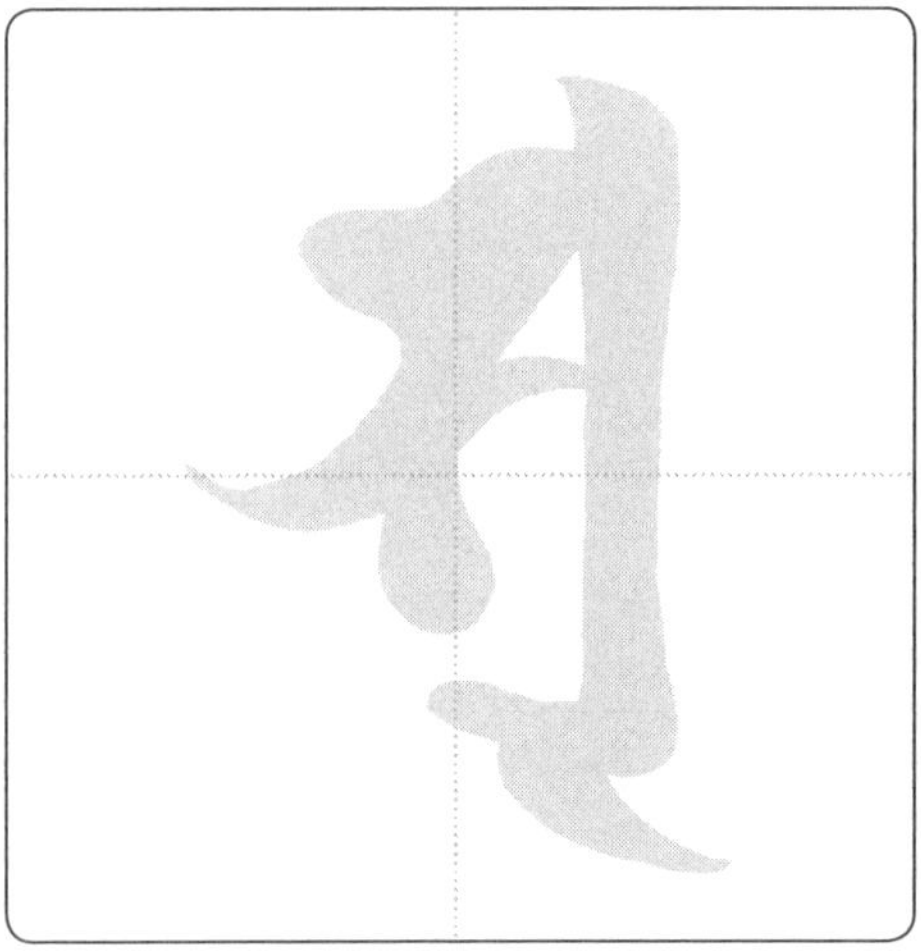

筆　順

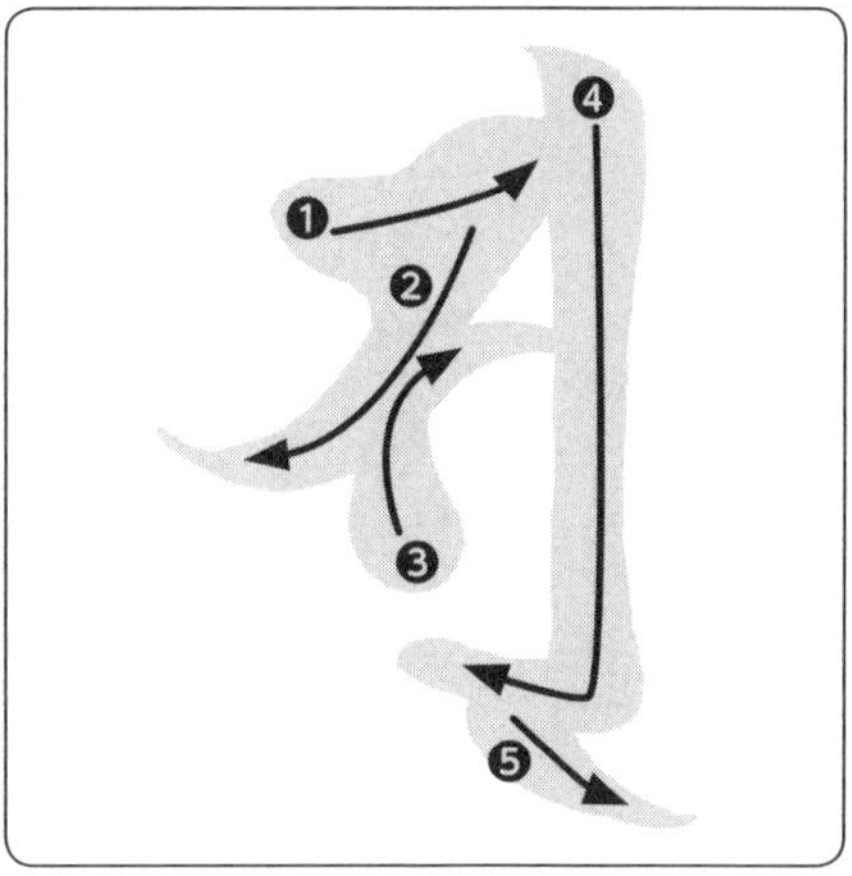

手印

ソの印

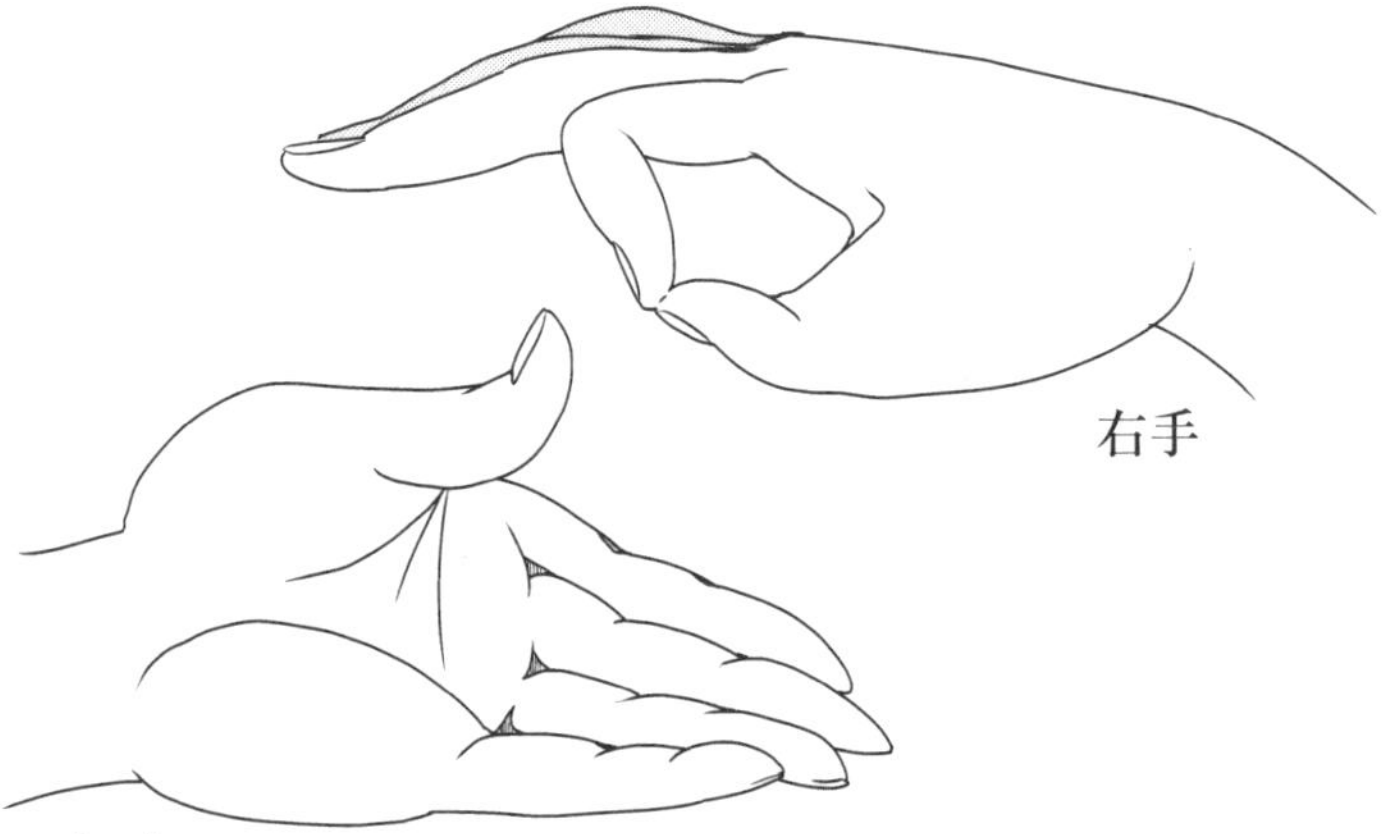

〈自分側から見た図〉

結び方のコツ

左の手のひらを上向きにしておへそのあたりに置きます。右手は親指と人さし指で輪を作り、残りの三指は伸ばして左手と向かい合わせ、楽器を奏でるように動かします。

功徳

弁財天が琵《び》琶《わ》を奏する姿を表す印。真言を唱えながら印を結ぶことで、さまざまな財に恵まれます。

種銭がどんどん増えていく

読み

キリーク

守護仏

千手観音菩薩《せんじゅかんのんぼさつ》

真言

オン　バサラ　ダルマキリ

手元のお金が
「わらしべ長者」
のように増えていく!

梵　字

筆　順

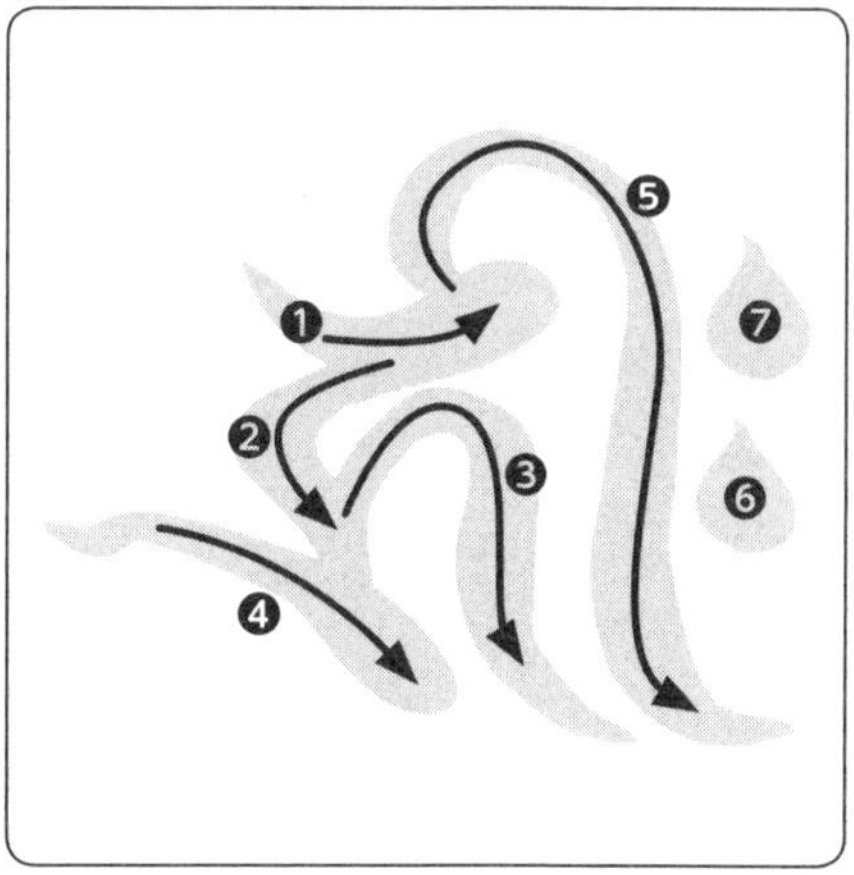

❶
❷
❸
❹
❺
❻
❼

手印

キリークの印

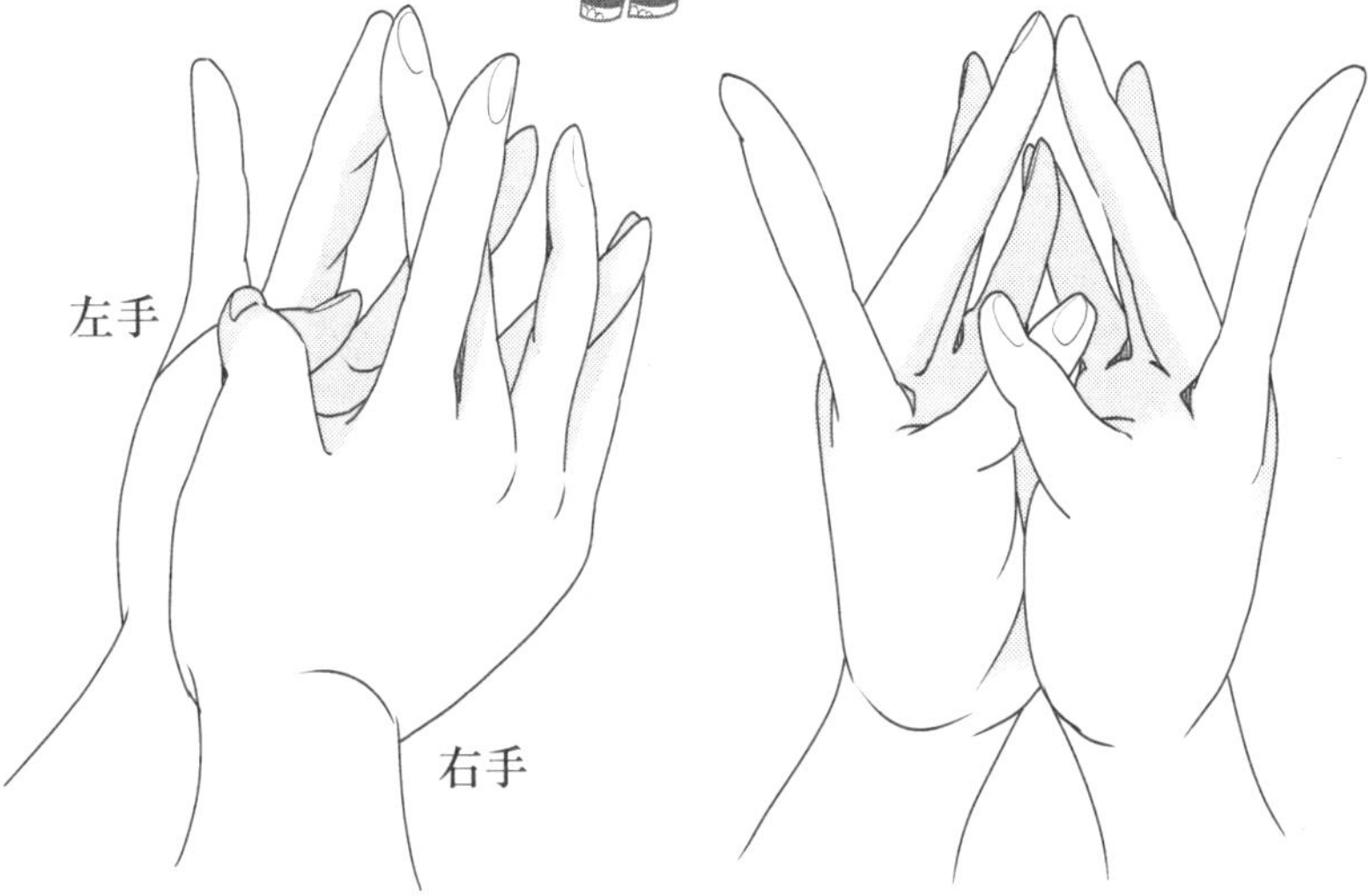

〈右方向から見た図〉　〈自分側から見た図〉

結び方のコツ

合掌をして、右指が手前にくるように指先を交差させた後、中指を合わせて蓮の花びらの形を作り、薬指と人さし指は開いて立てます。

功徳

千手観音が住む浄土・補陀洛《ふだらく》山を表す印。願いや希望が満たされ、出世や果報をもたらします。

蓄財運が上昇する

読み
イー

守護仏
帝釈天《たいしゃくてん》

真言
ノウマク　サマンダボダナン
インダラヤ　ソワカ

梵字

筆順

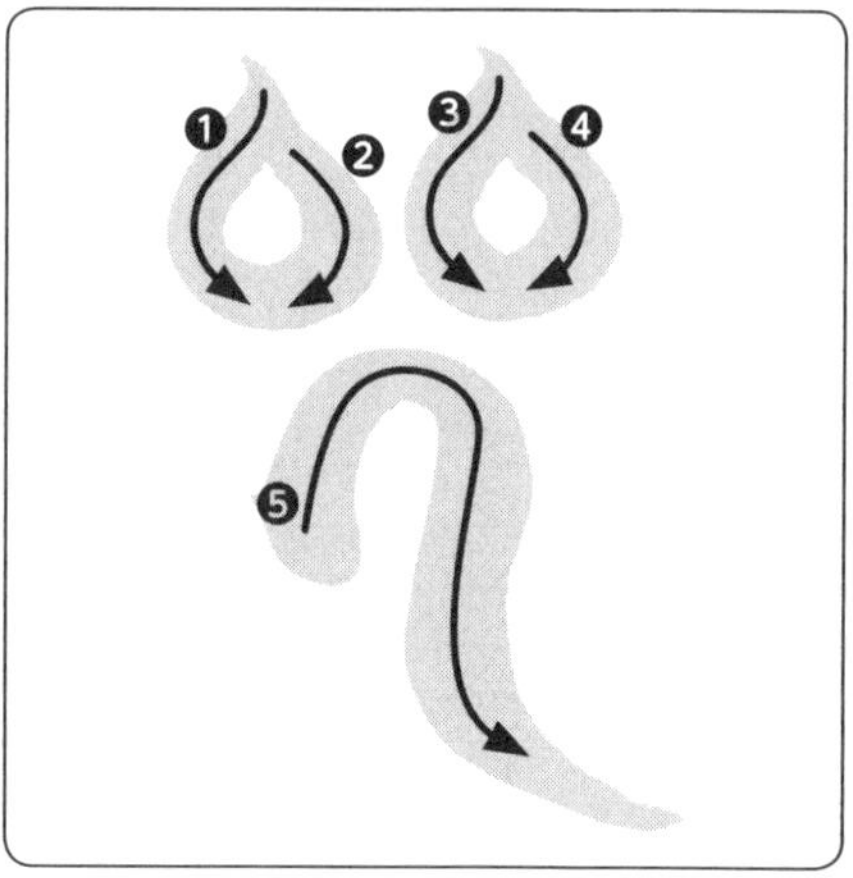

手印

イーの印

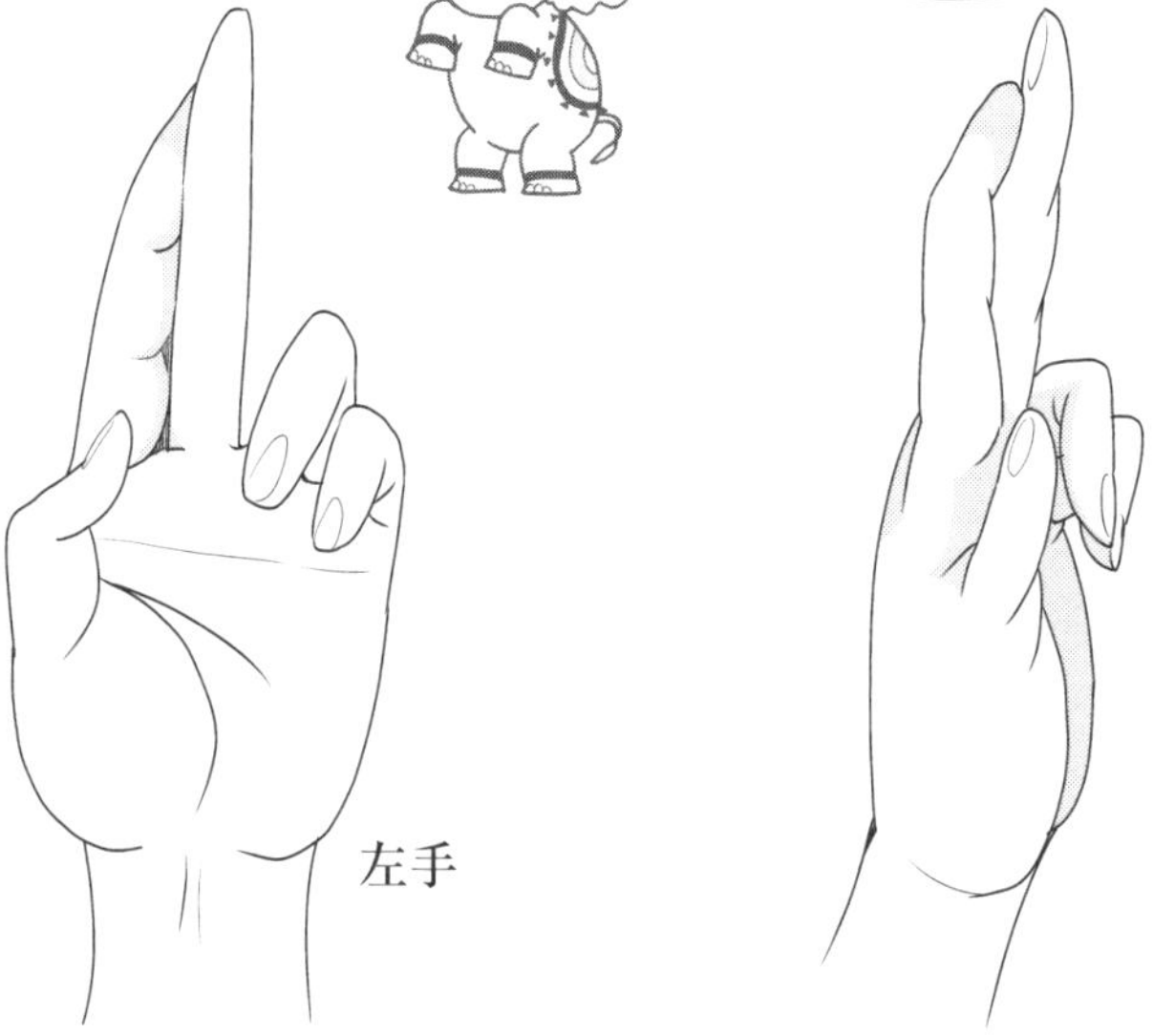

〈右方向から見た図〉　〈自分側から見た図〉

結び方のコツ

左手を立てて薬指と小指を少し曲げます。人さし指は中指の背につけ、親指も中指に添えます。

功徳

この印を結んで真言を唱えれば、人生という戦にことごとく勝利がもたらされます。

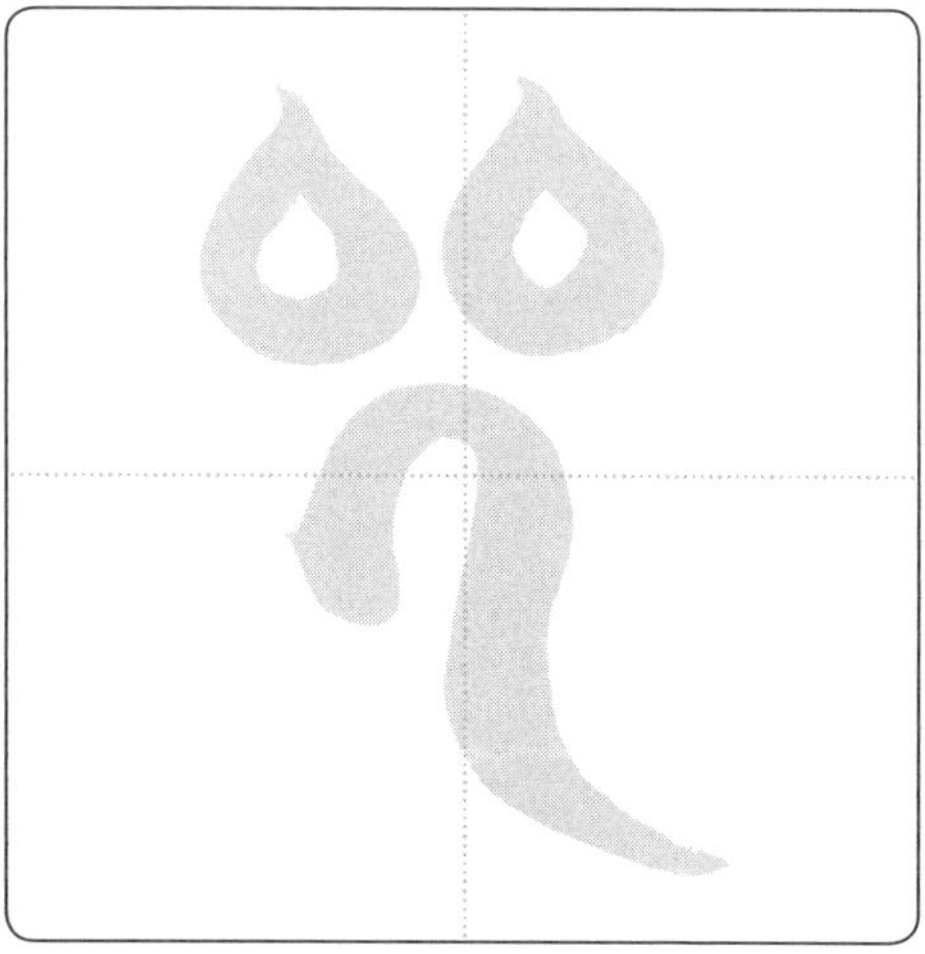

給料やボーナスがアップする

読み

マ

守護仏

大黒天《だいこくてん》

真言

オン　マカキャラヤ
ソワカ

梵字

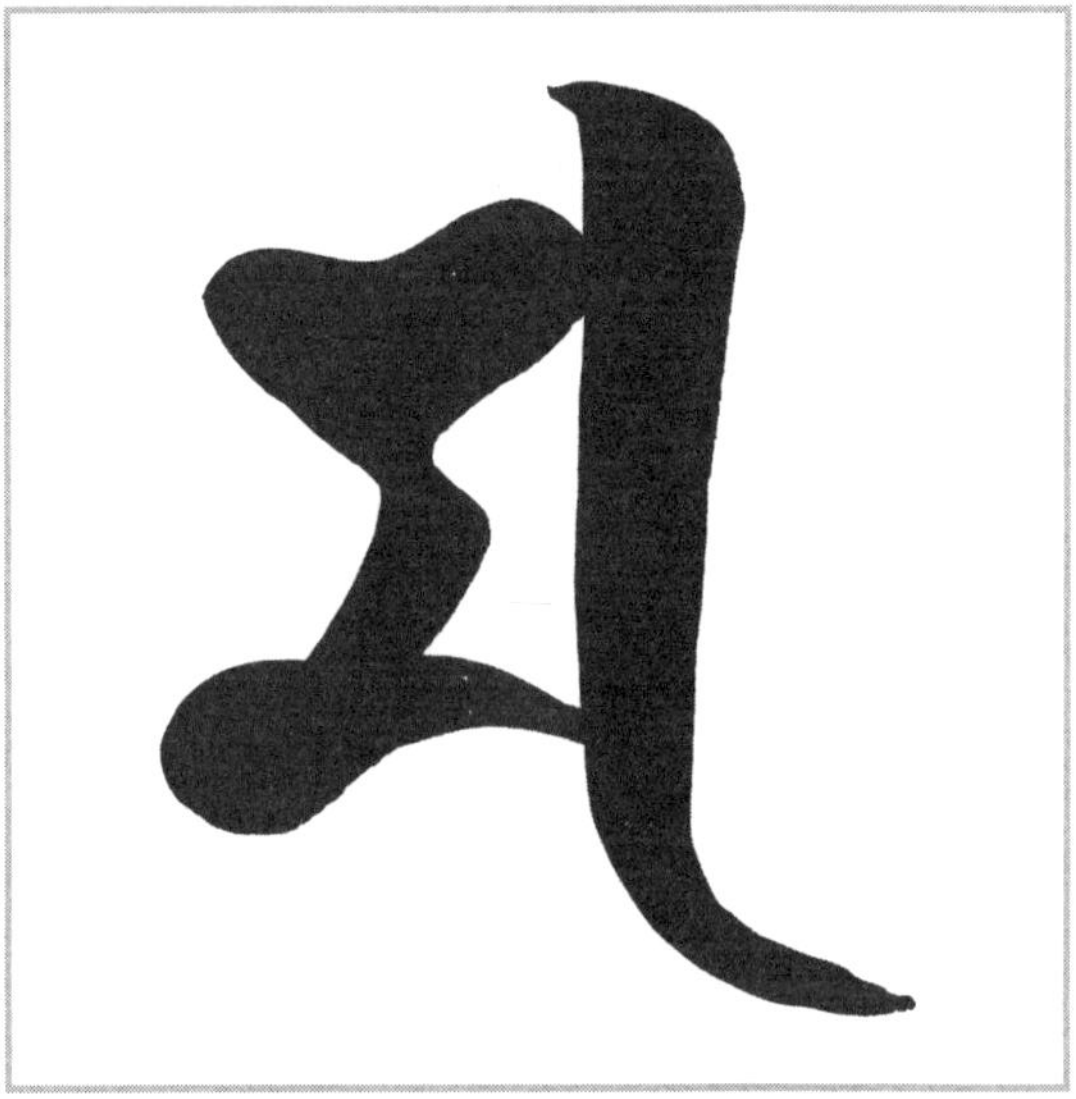

商売繁盛や蓄財、
臨時収入や食べ
物にも恵まれます

筆順

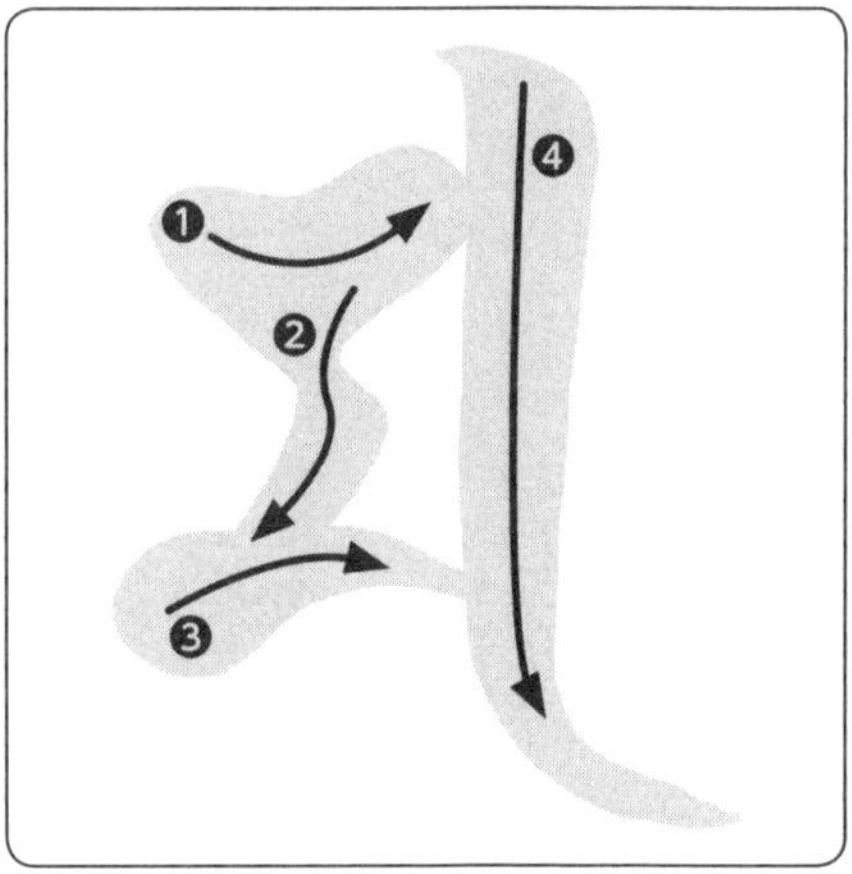

ちょっと難しい!
親指はグッと拳の中に!!

手印

マの印

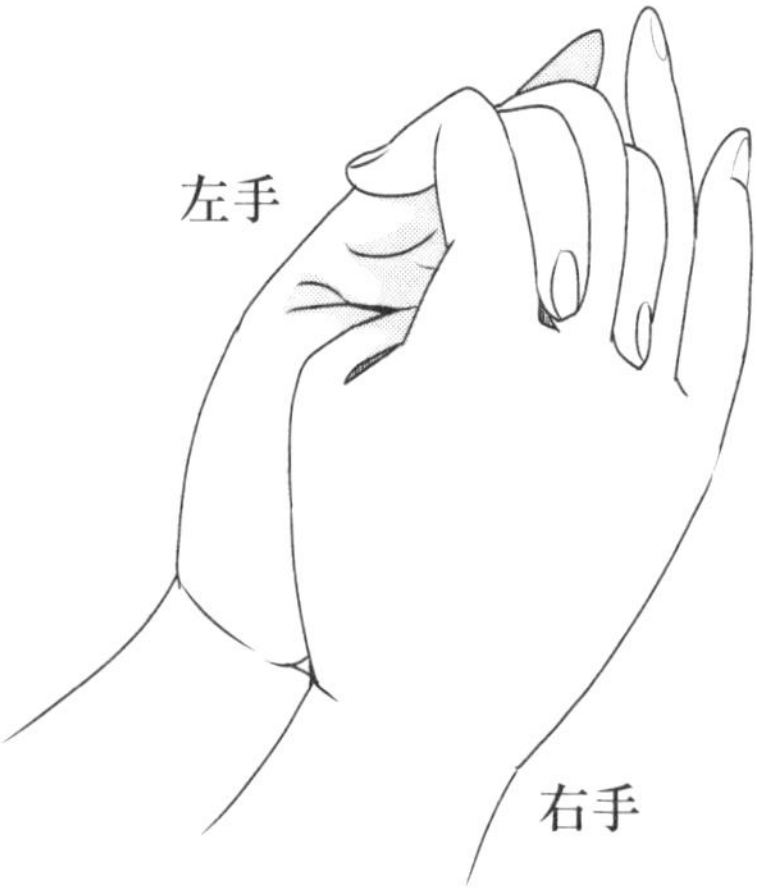

左手
右手

〈右方向から見た図〉

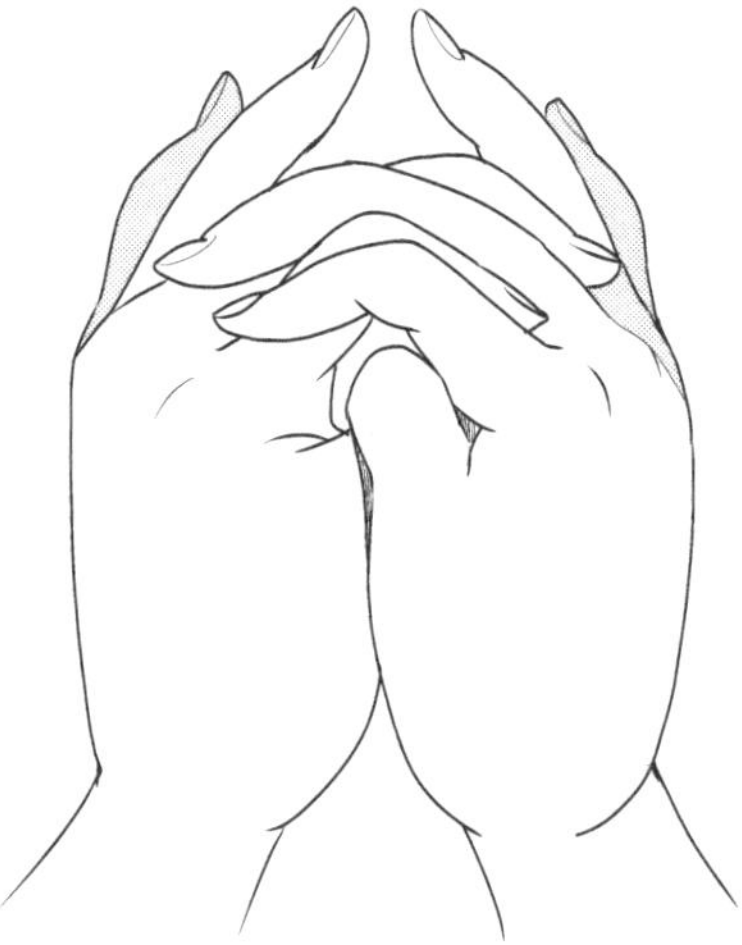

〈自分側から見た図〉

結び方のコツ

右手の指が手前にくるようにして両手を組み、薬指と小指を立てて伸ばします。

功徳

この印を結び、真言を唱えながら揺らしましょう。食べることに困らない絶大な福徳を得られます。

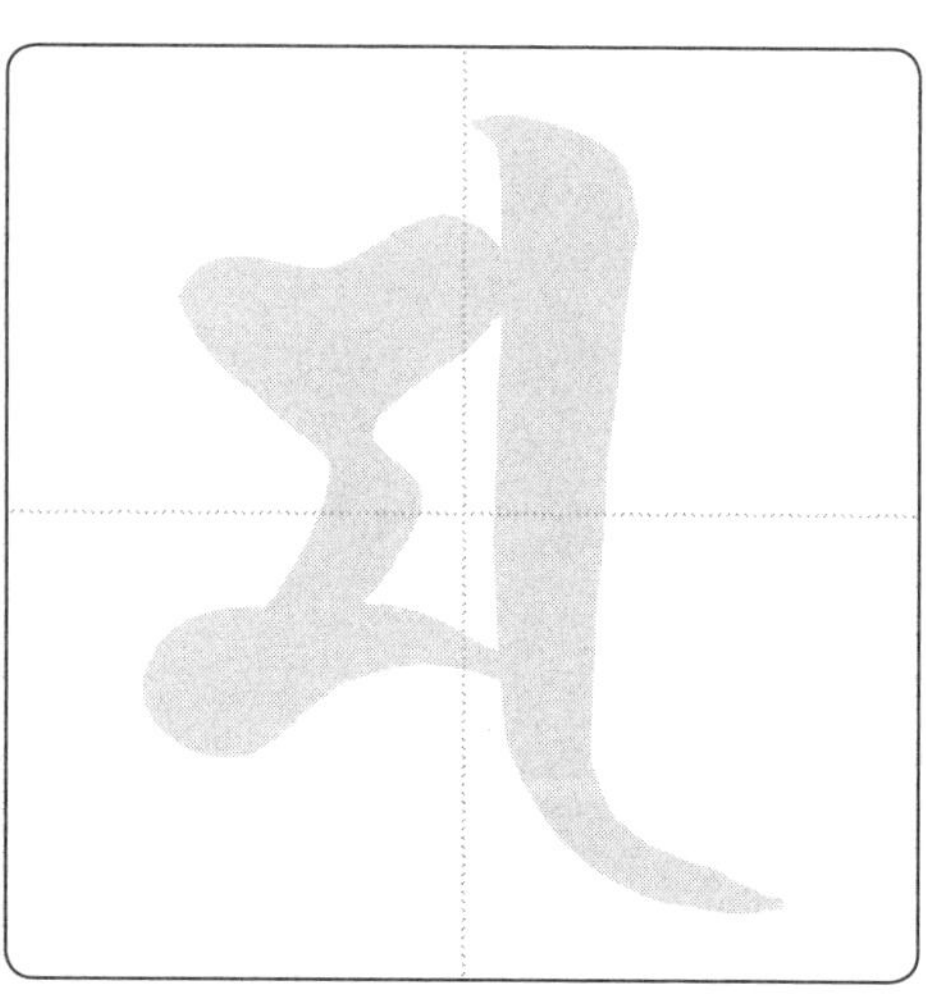

商売繁盛

読み

ダ

守護仏

荼《だ》枳《き》尼《に》天《てん》

真言

ノウマク　サマンダ
ボダナン　キリカ　ソワカ

通称「お稲荷さん」。開運出世、福財をもたらします

梵字

筆順

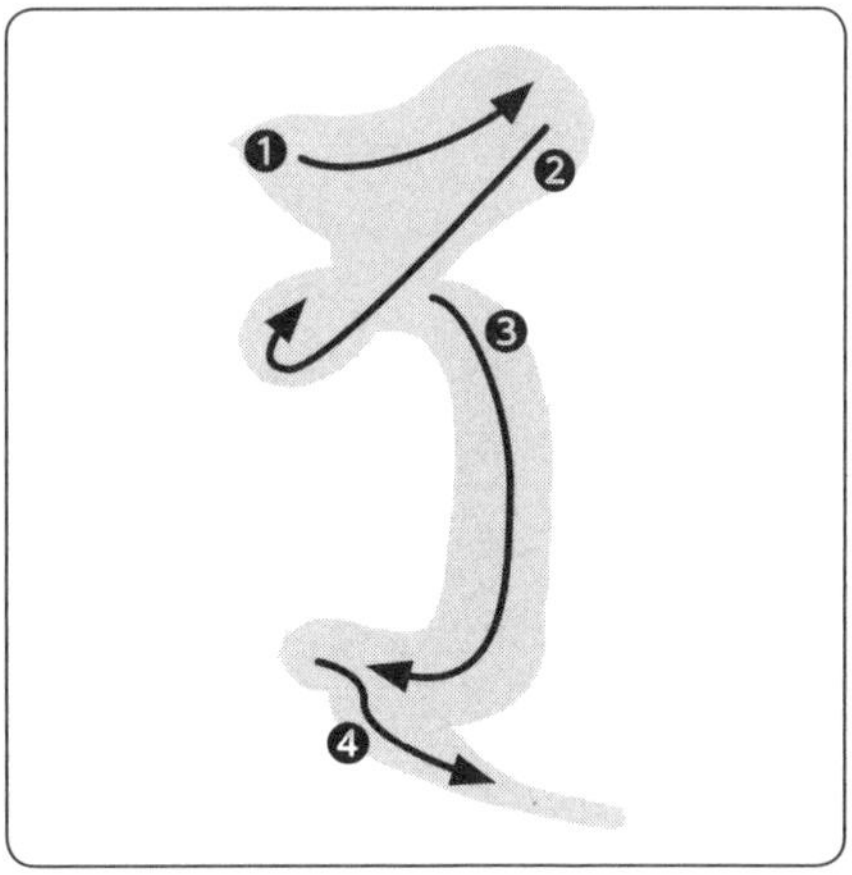

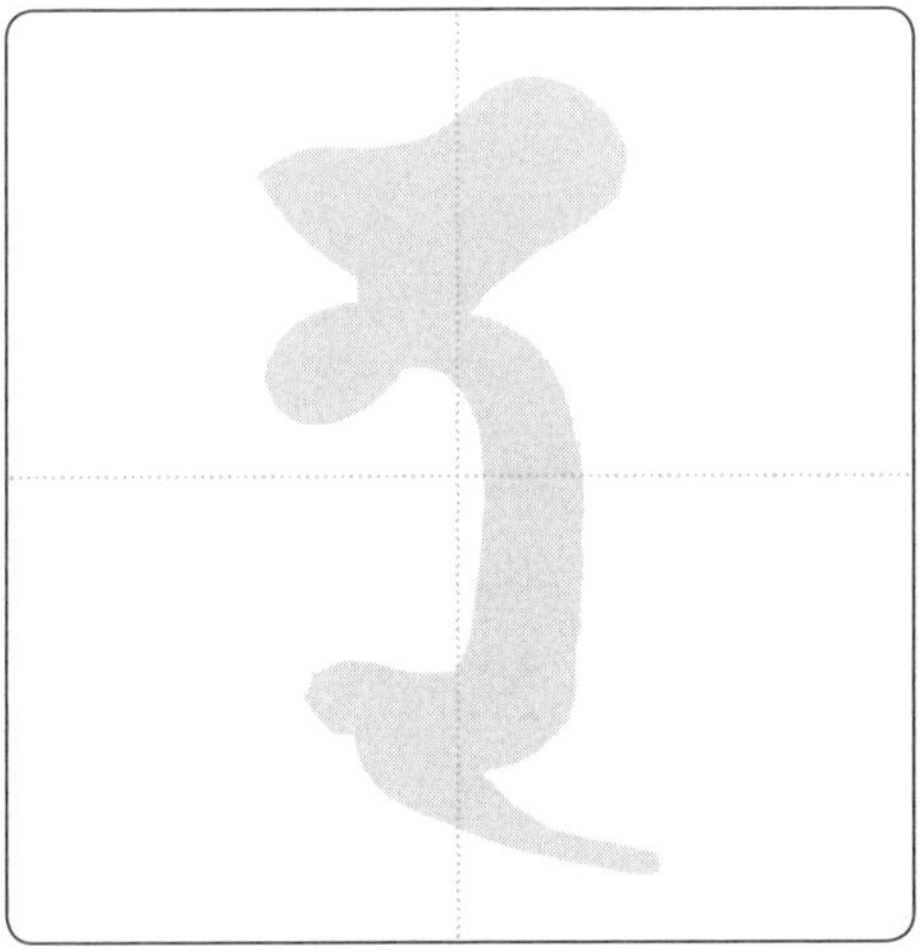

手印

ダの印

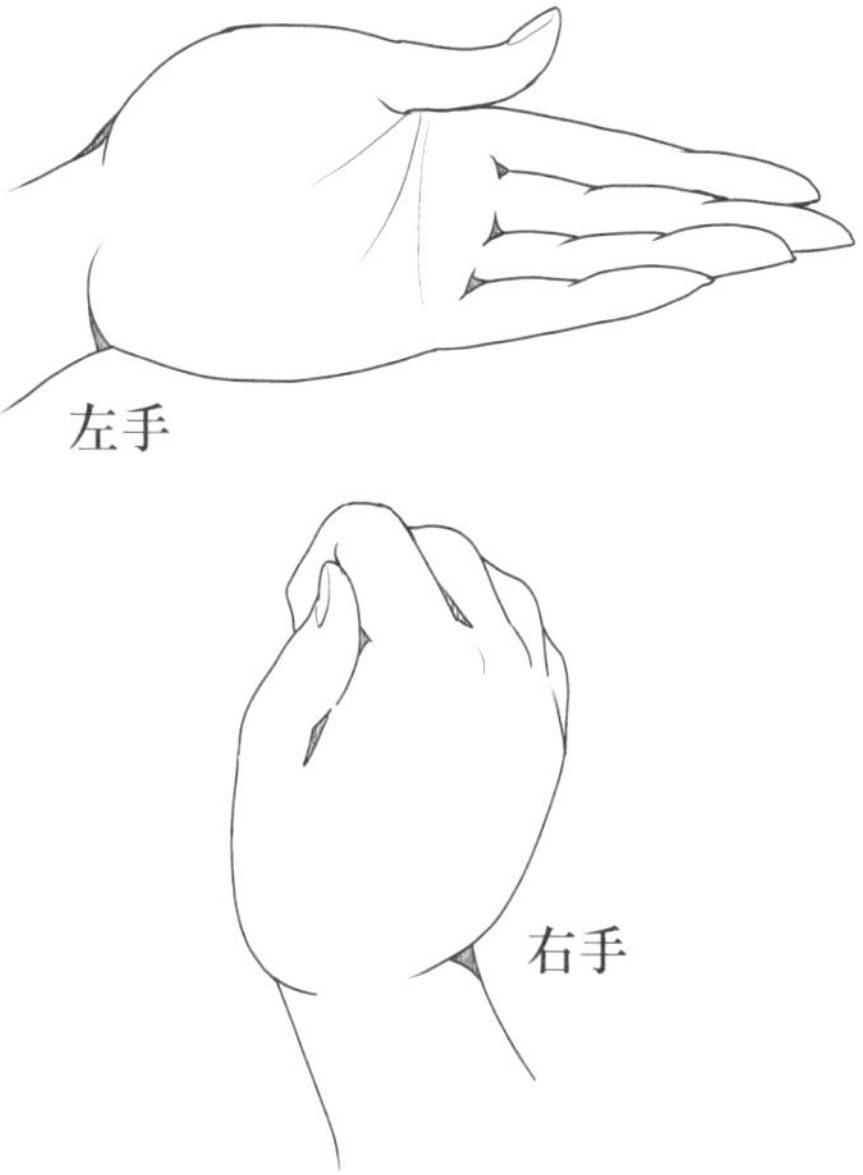

〈自分側から見た図〉

結び方のコツ

左の手のひらを上に向けてかざし、その下の少し手前に握った右手を置きます。右手の人さし指は少し持ち上げて、側面に親指を添えます。

功徳

荼枳尼天は霊狐に乗った女性の仏様。この印を結んで真言を唱えると出世、福財、商売繁盛の功徳が得られます。

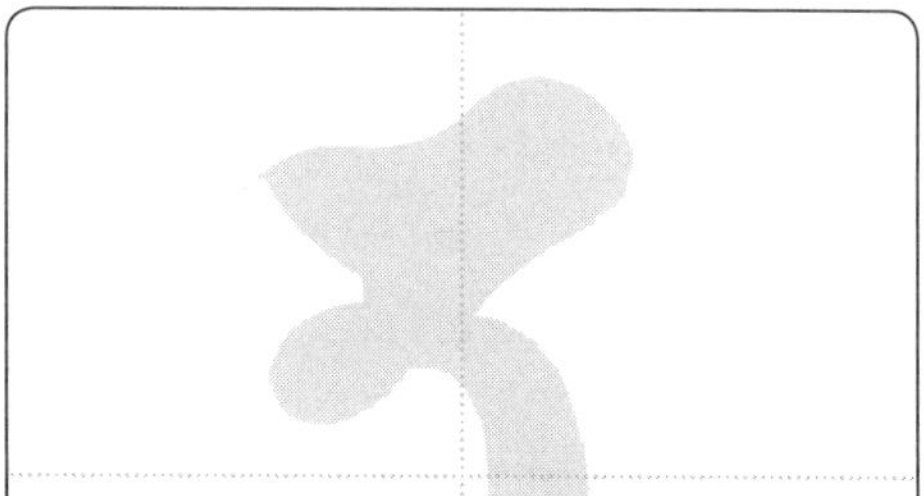

立身出世で金運上昇

読み

カンマン

守護仏

不動明王《ふどうみょうおう》

真言

ノウマク　サマンダ　バザラダン
センダマカロシャダ　ソワタヤ
ウンタラタ　カンマン

梵　字

筆　順

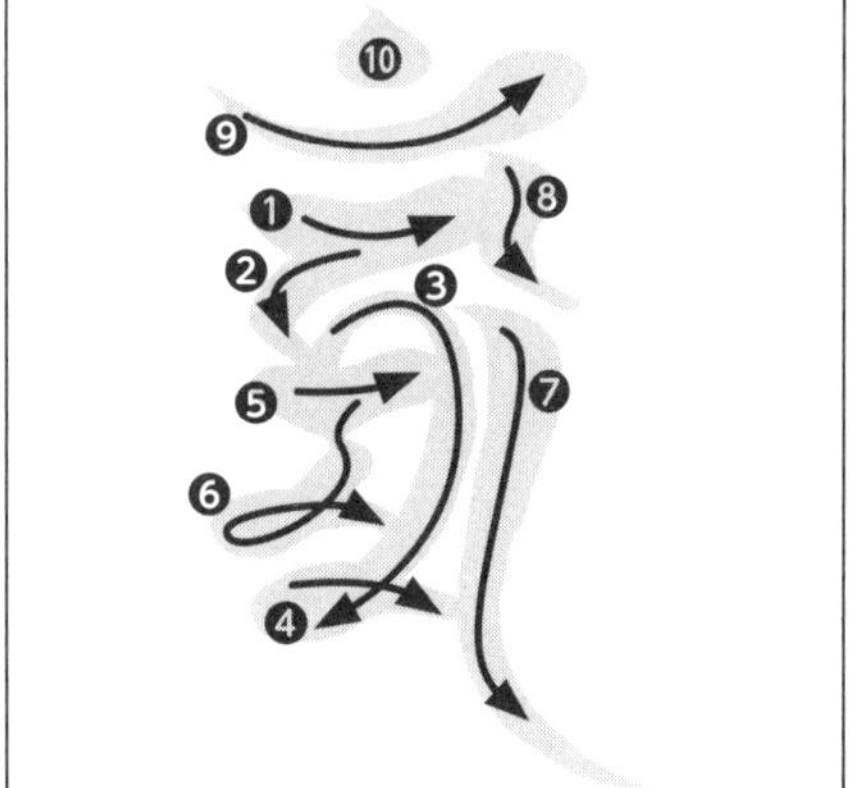

手印

カンマンの印

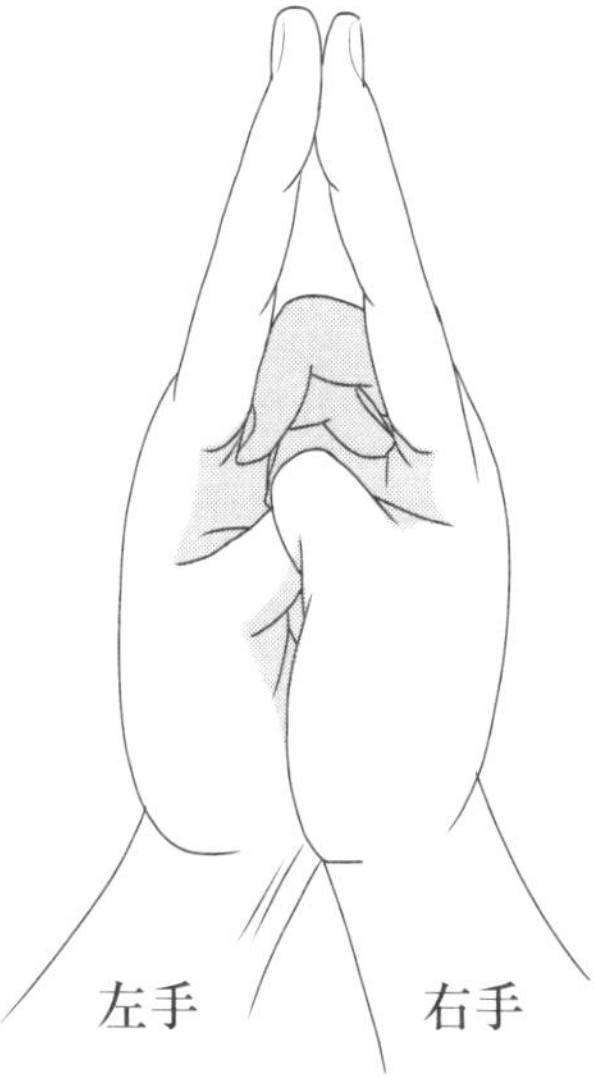
左手
右手

〈自分側から見た図〉

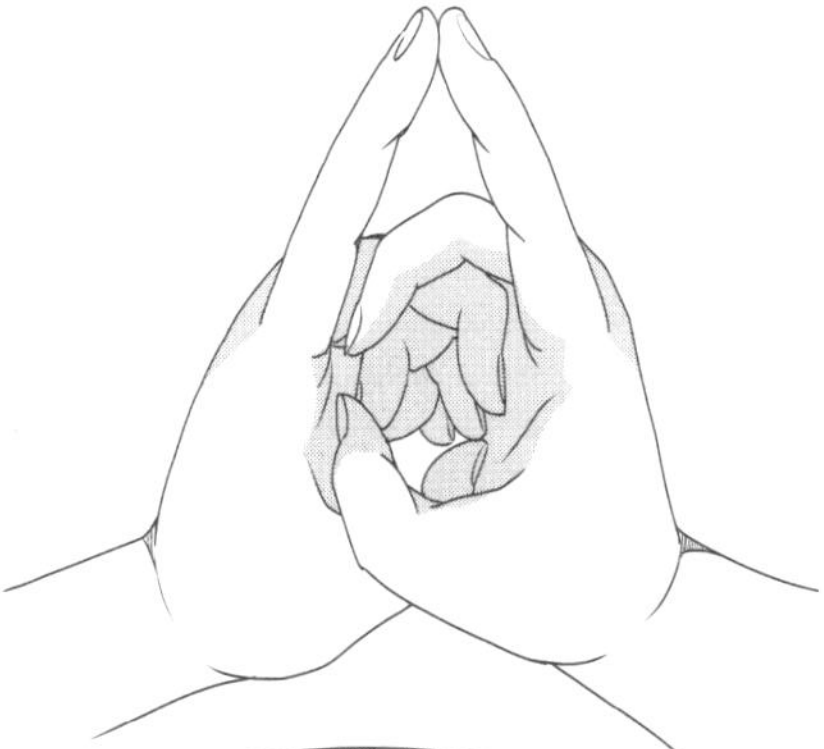

開いてみると、中は
こんな感じだよ!

結び方のコツ

右手の指が手前にくるように両手を組み、人さし指を立てて合わせ、親指で薬指を押さえます。

功徳

この印を結んで真言を唱えれば、不動明王の守護を得て福徳に恵まれます。

人脈から金脈を引き寄せる

読み

サ

守護仏

聖観音菩薩《しょうかんのんぼさつ》

真言

オン　アロリキャ　ソワカ

梵字

筆順

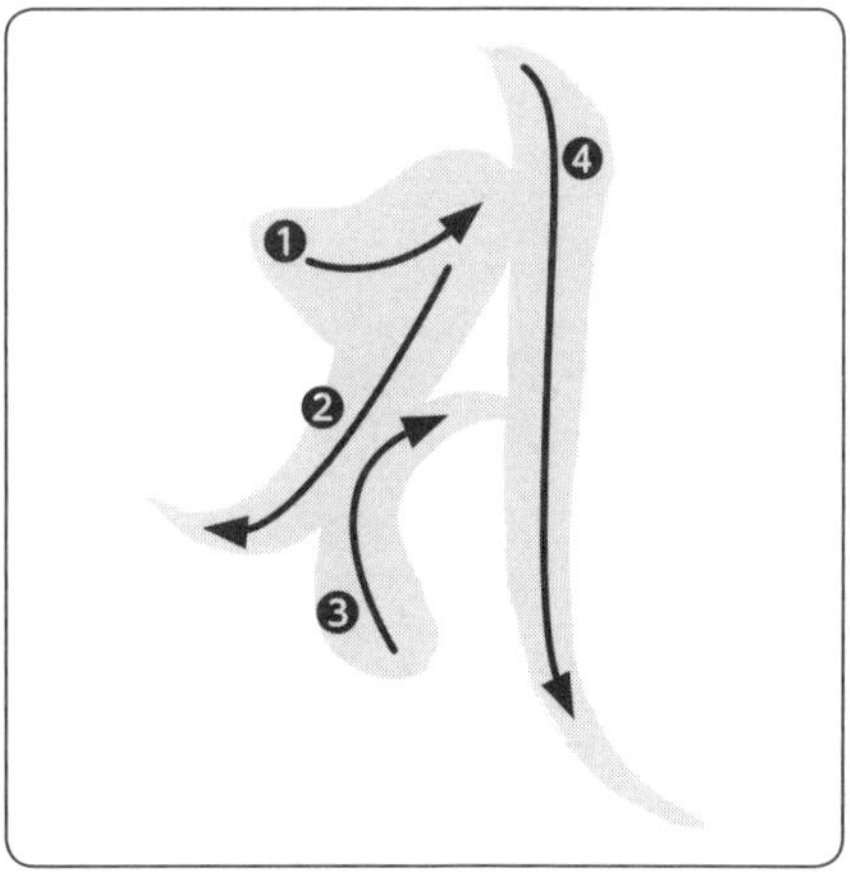

手印

サの印

親指を忘れずに
立ててね！

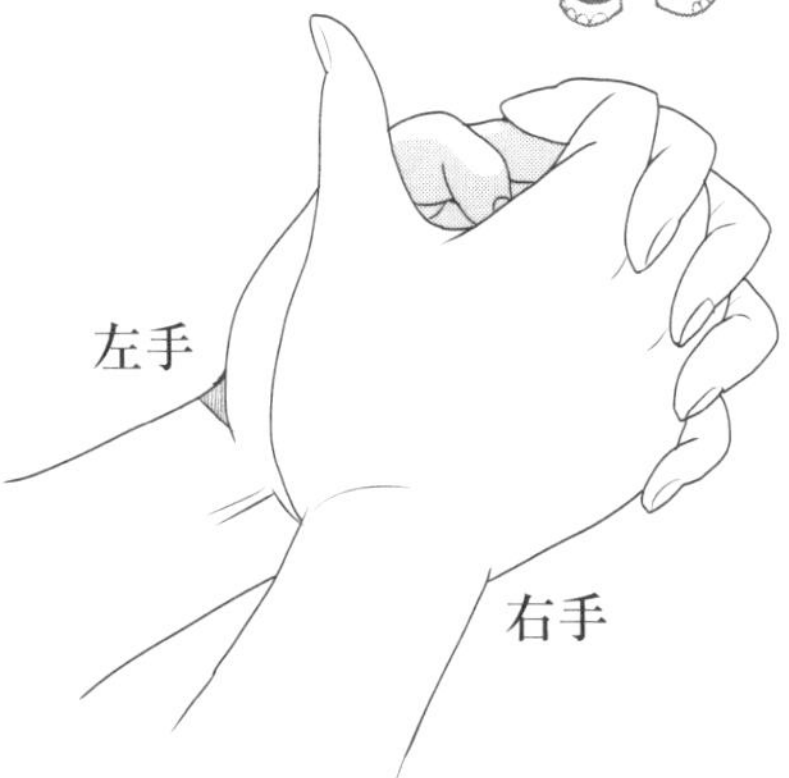
左手
右手

〈右方向から見た図〉

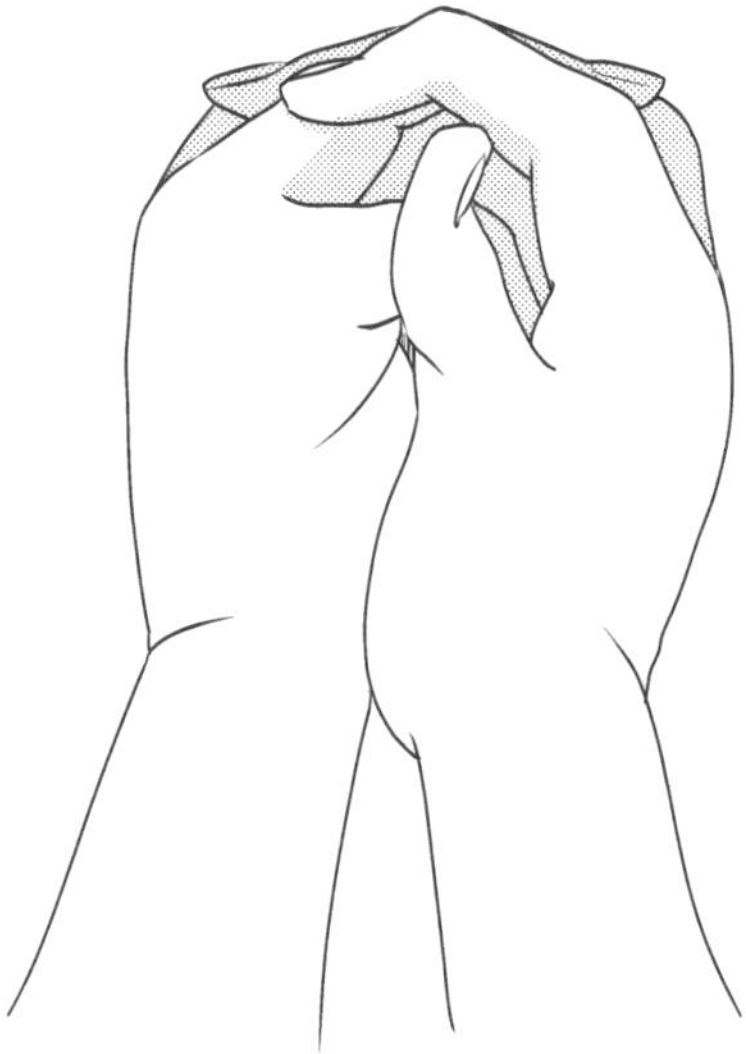

〈自分側から見た図〉

結び方のコツ

右手の五指が手前になるようにして指を組み、右の親指だけを立てます。

功徳

この印を結んで真言を唱えると、聖観音菩薩と同等になって願いを成就できると言われています。

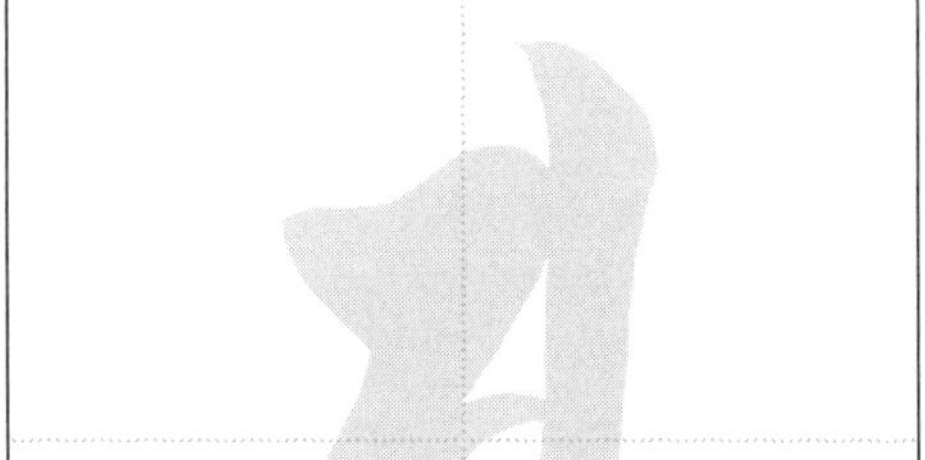

努力に見合った収入を得られる

読み

アー

守護仏

開《かい》敷《ふ》華《け》王《おう》如《にょ》来《らい》

真言

ノウマク　サマンダ　ボダ
ナン　バンバク　ソワカ

あなたの頑張りを
仏様が評価して
くださいます

梵　字

筆　順

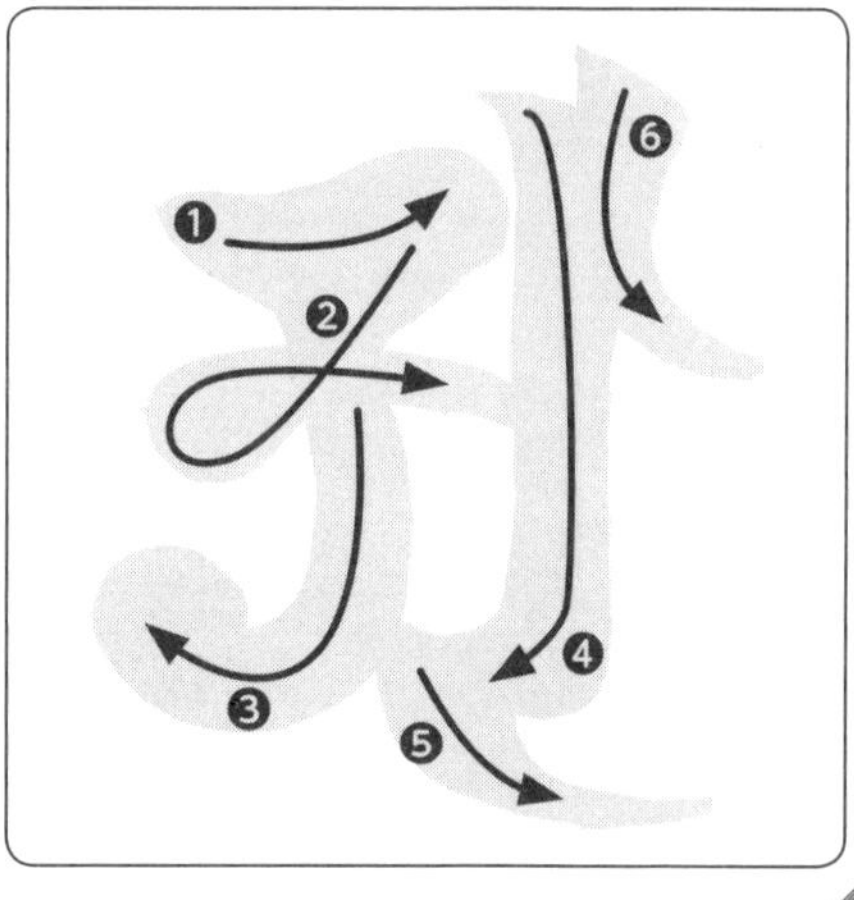
❶
❷
❸
❹
❺
❻

手印

アーの印

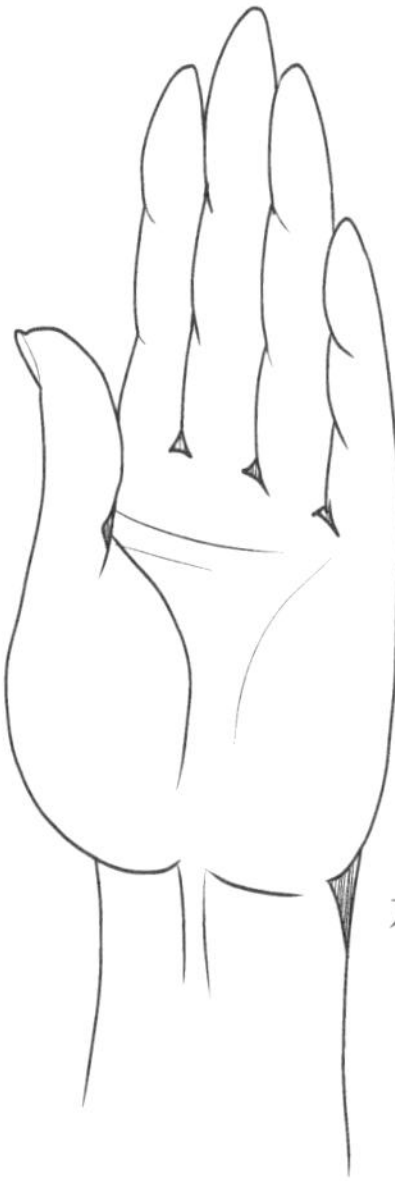

〈正面から見た図〉

結び方のコツ

右手を上げて、手のひらを正面に向けます。

功徳

何ごとも恐れることのないように人々を守護してくださる、仏様の威力を表す印です。奈良の大仏様の右手も、この印を結んでいます。

お金を生み出す知恵を授かる

読み
ボラ

守護仏
梵天《ぼんてん》

真言
オン　ボラカンマネイ
ソワカ

梵字を創造した
仏様。立身出世の
ご利益も

梵　字

筆　順

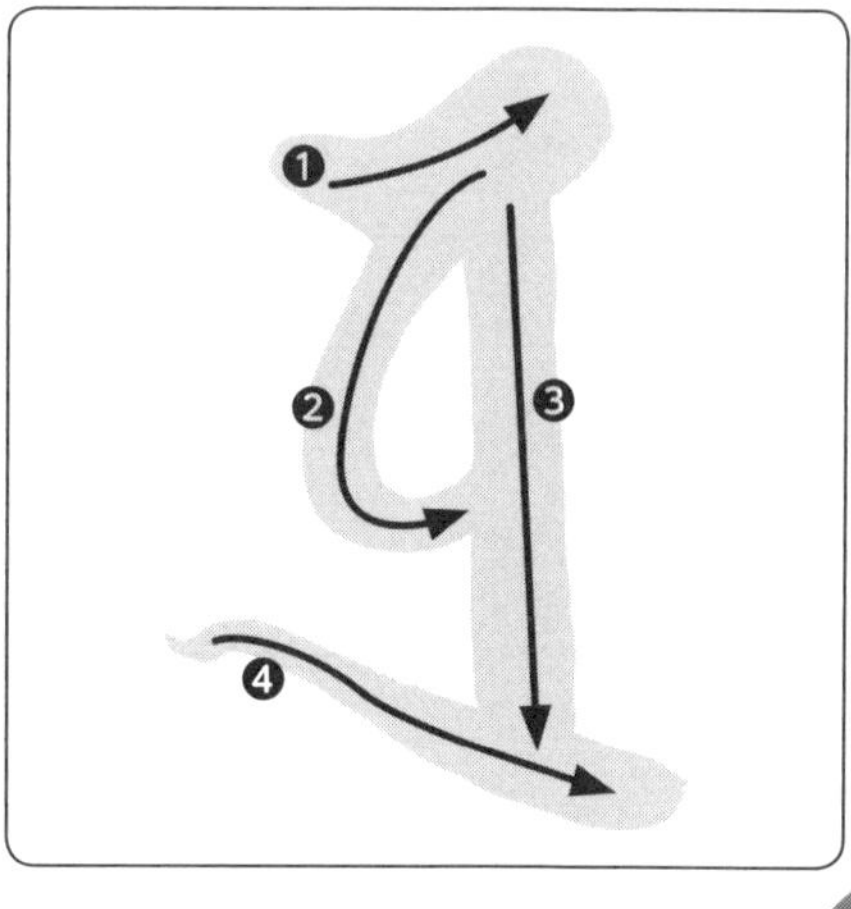
❶
❷
❸
❹

手印

ボラの印

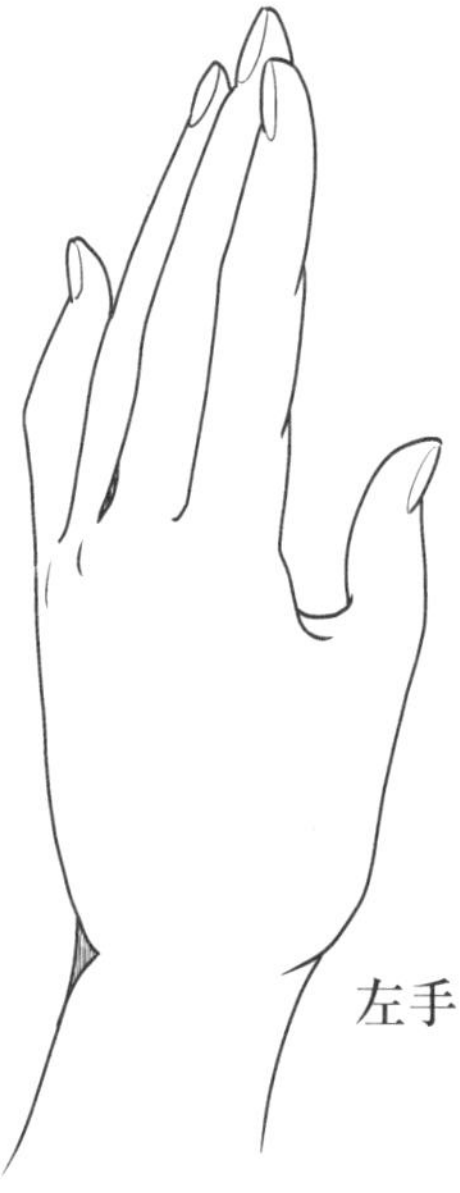

〈自分側から見た図〉

結び方のコツ

左手を立てて指をそろえ、親指以外の四指の先を少しだけ内側に曲げます。親指は人さし指から離します。

功徳

梵天とは宇宙万物の創造神のこと。仏教上では帝釈天《たいしゃくてん》と二神一対の像として祀られ、強力な守護と知恵によって出世に導いてくださいます。

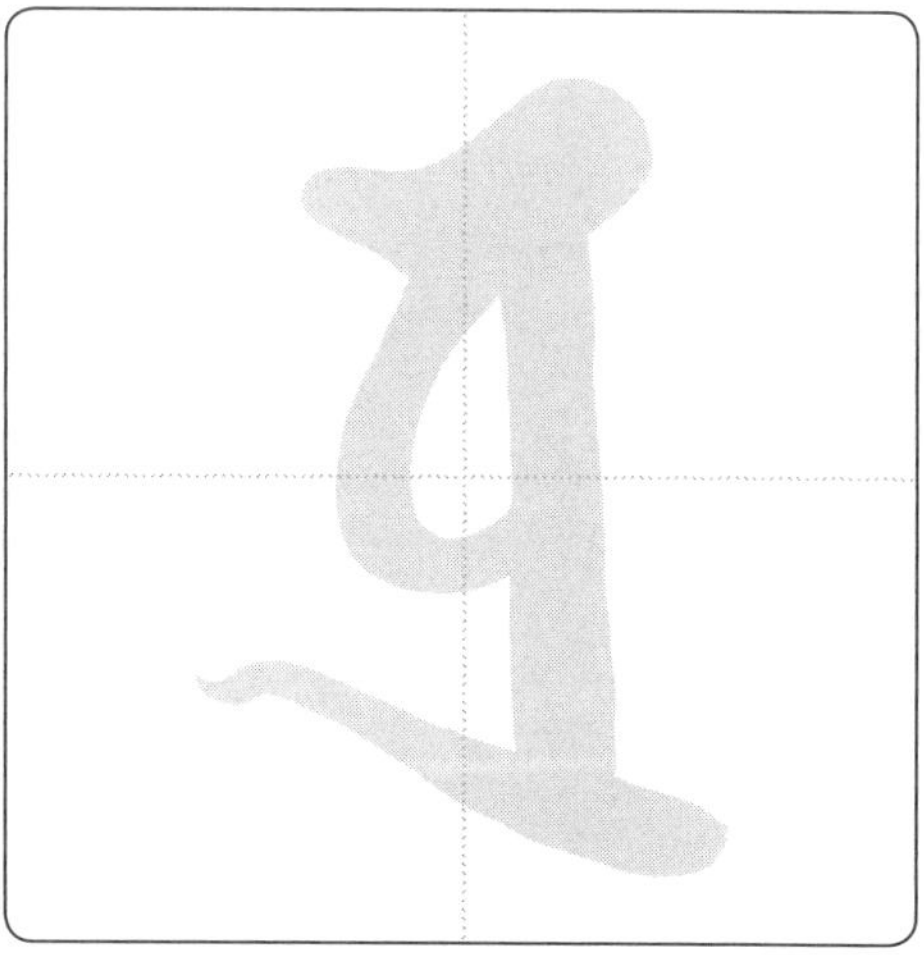

迅速に資金調達できる

読み

ナ（ナウ）

守護仏

龍王《りゅうおう》

真言

ノウマク　サマンダボダナン
メイ　ギャシャニ　エイ
ソワカ

梵　字

龍王兄弟の力が宿る梵字。必要なお金が素早く集まる！

筆　順

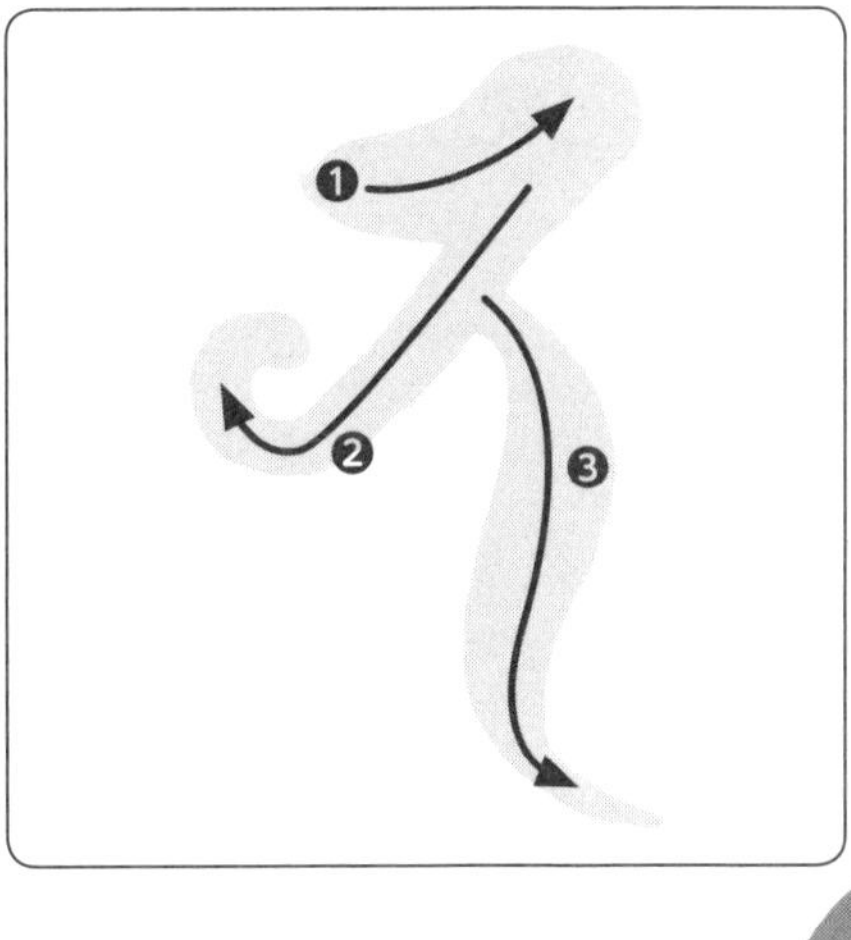
❶
❷
❸

手印

ナの印

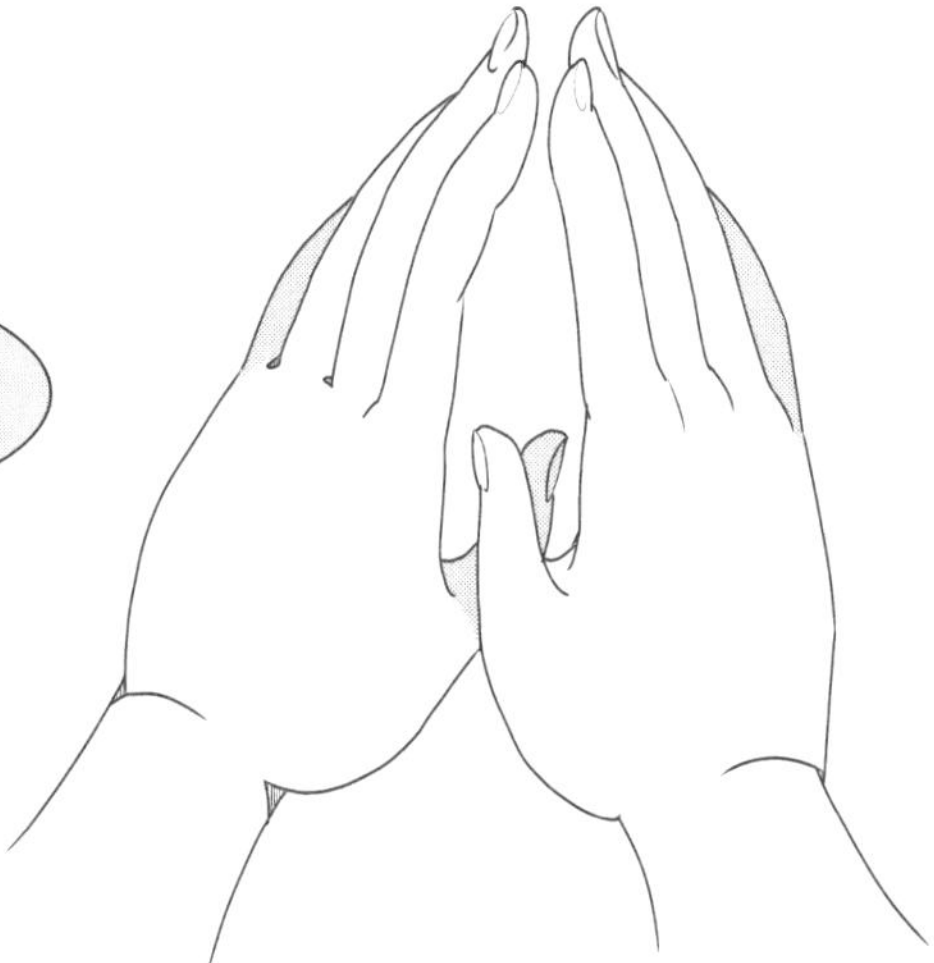

〈自分側から見た図〉

結び方のコツ

両手の五指を開いて少し伏せ、右指を上にして親指同士を交差させます。

功徳

親指をひとつの頭、残りの八指を八つの頭として「九頭龍《くずりゅう》」を表す印。龍が恵みの雨を降らし、悩みや煩悩を食べ尽くしてくれます。

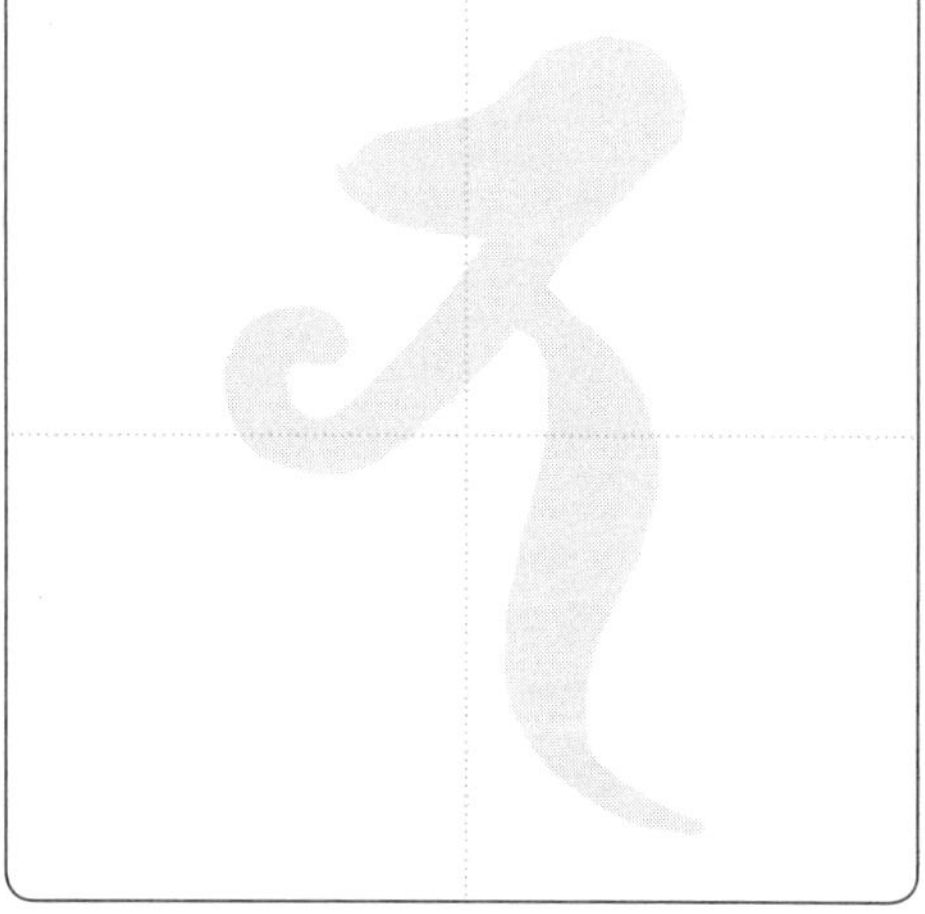

宝くじの当選率がアップする

読み

ナー

守護仏

難蛇龍王《なんだりゅうおう》（別名　歓喜龍王）

真言

オン　ナンダ　バナンダ　エイ　ソワカ

すべての龍を束ねる龍王兄弟の兄。そのパワーは最強

梵字

筆順

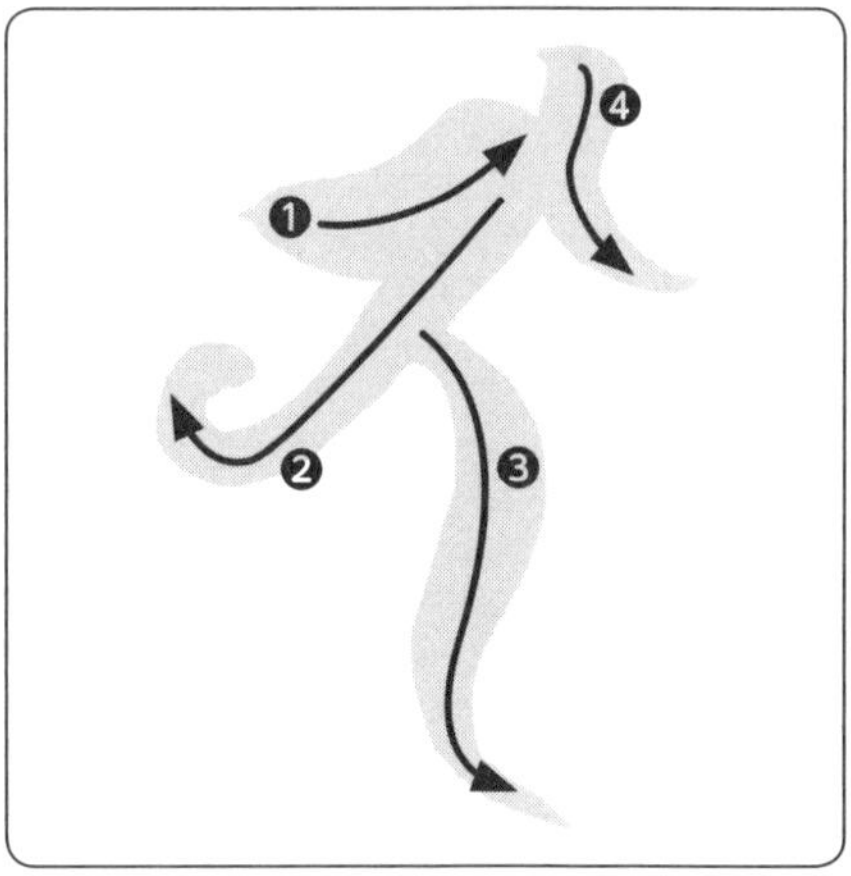
❶
❷
❸
❹

手印

ナーの印

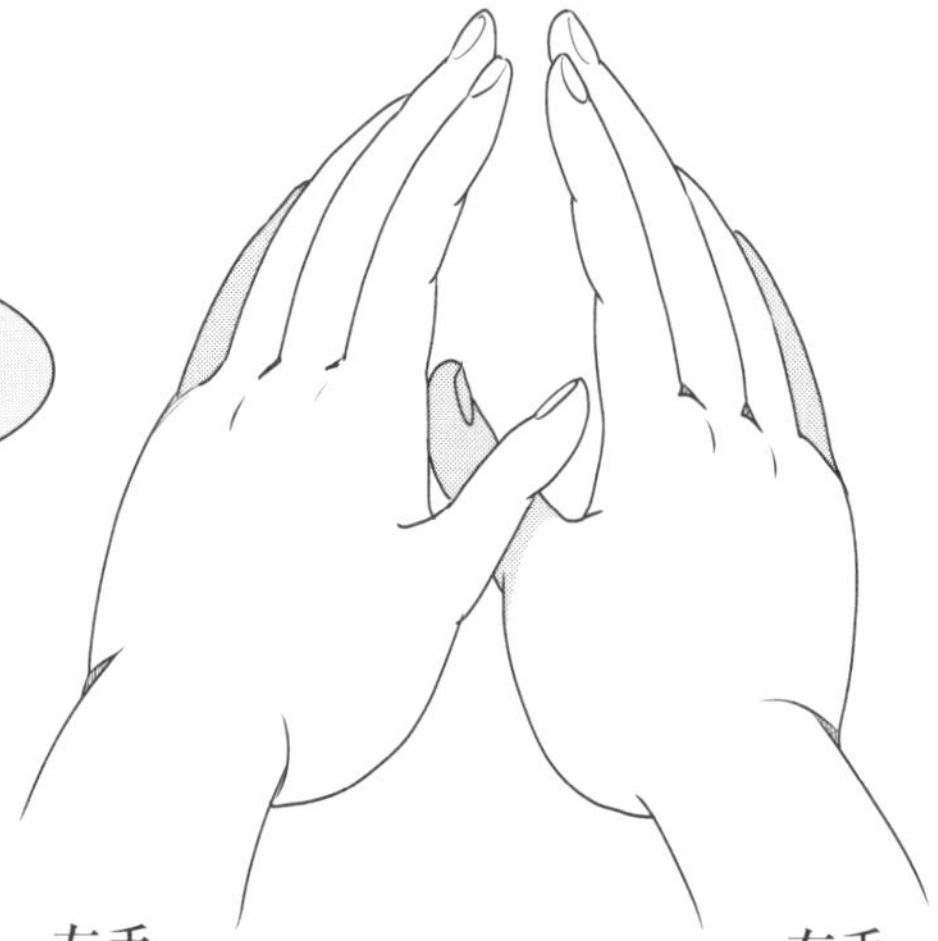

〈自分側から見た図〉

結び方のコツ

両手の五指を開いて少し伏せ、左指を上にして親指同士を交差させせます。

功徳

龍王の「九頭龍」を表す印と同じですが、親指の組み方が逆。歓喜をもたらすとされています。

ギャンブルに強くなる

読み

ベイ

守護仏

毘沙門天《びしゃもんてん》

真言

ノウマク　サマンダ　ボダ
ナン　ベイシラ　マンダヤ
ソワカ

勝運と財宝福徳の
ご利益を持つ
仏様

梵　字

筆　順

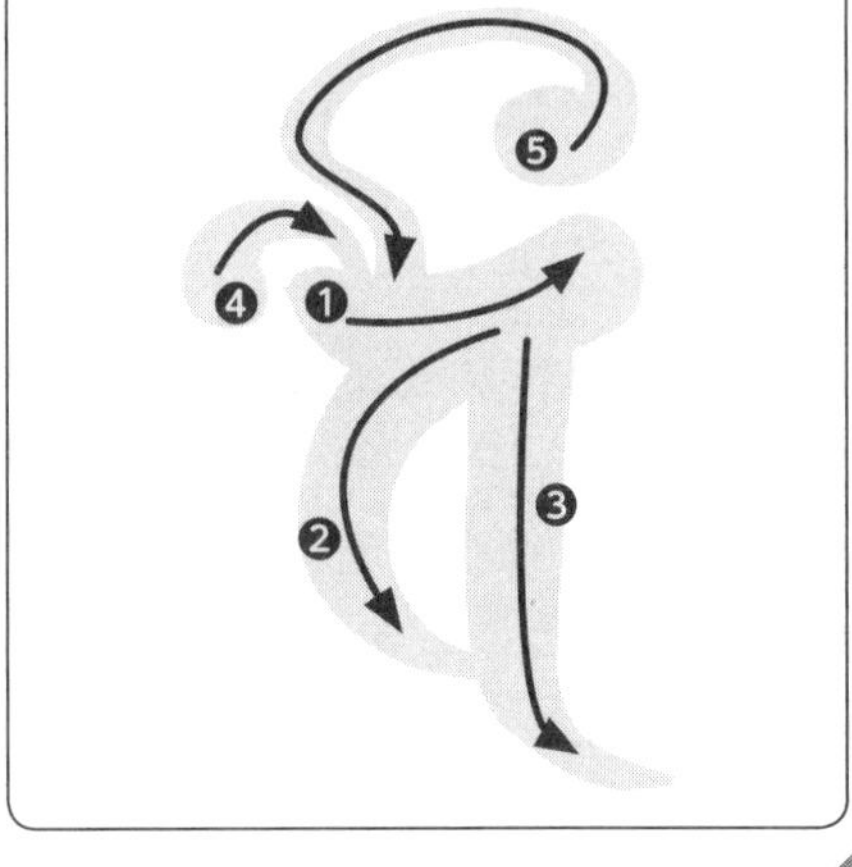
❶
❷
❸
❹
❺

指がこんがらがりそう
だけど頑張って！

手印

ベイの印

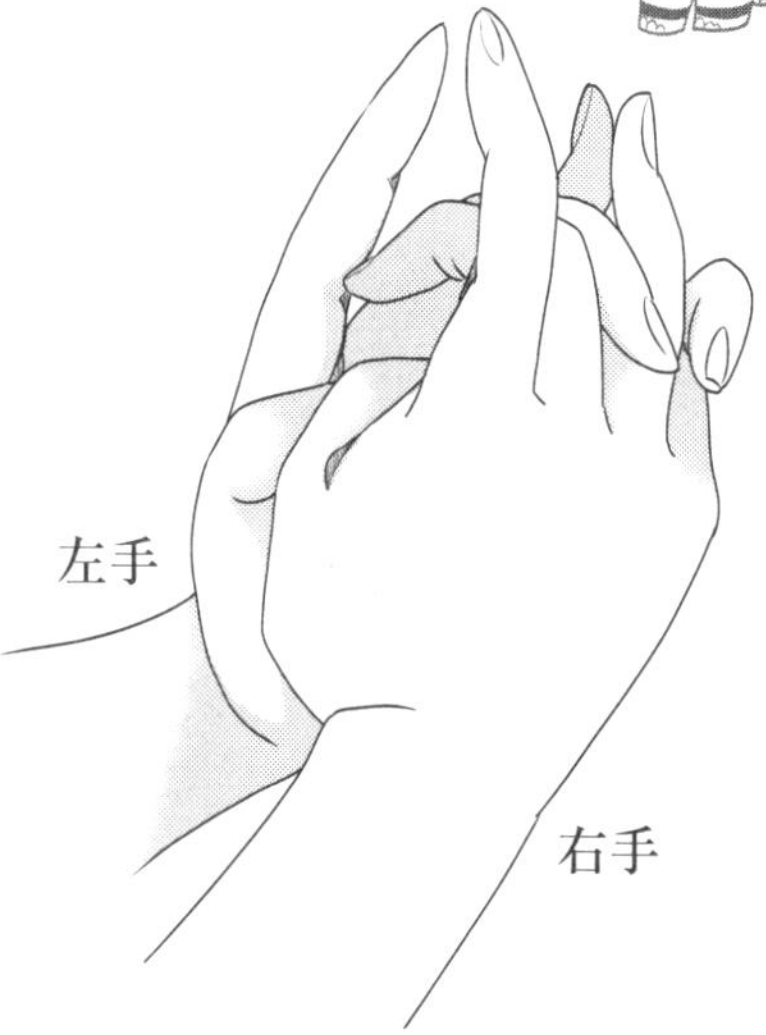
左手
右手

〈右方向から見た図〉

〈自分側から見た図〉

結び方のコツ

右手の指が手前にくるようにして両手を組み、薬指を立てて向かい合わせ、人さし指を伸ばして少し曲げます。

功徳

毘沙門天の妻である吉祥天《きっしょうてん》と、子供のひとりである善膩《ぜんに》師《し》童子《どうじ》を表す印。あらゆる財福に恵まれます。

玉の輿運をつかむ

読み
ギャク

守護仏
歓喜《かんぎ》天《てん》（聖天）

真言
オン　キリク　ギャクン　ソワカ

梵字

夫婦和合や
子授けのご利益も
あります

筆順

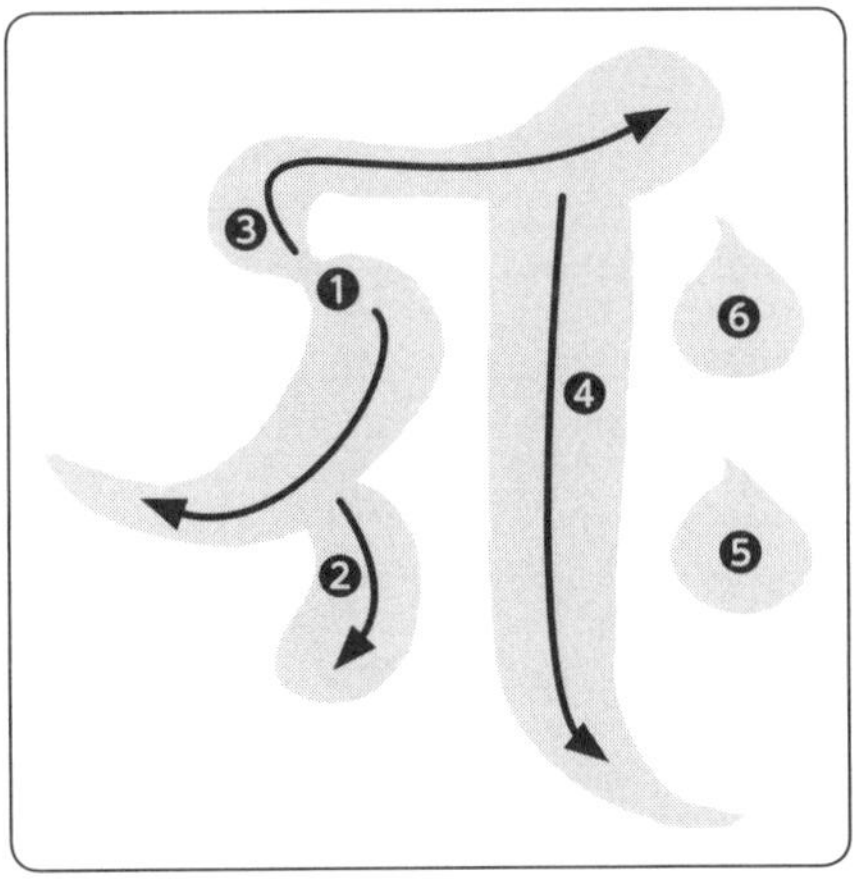
❶
❷
❸
❹
❺
❻

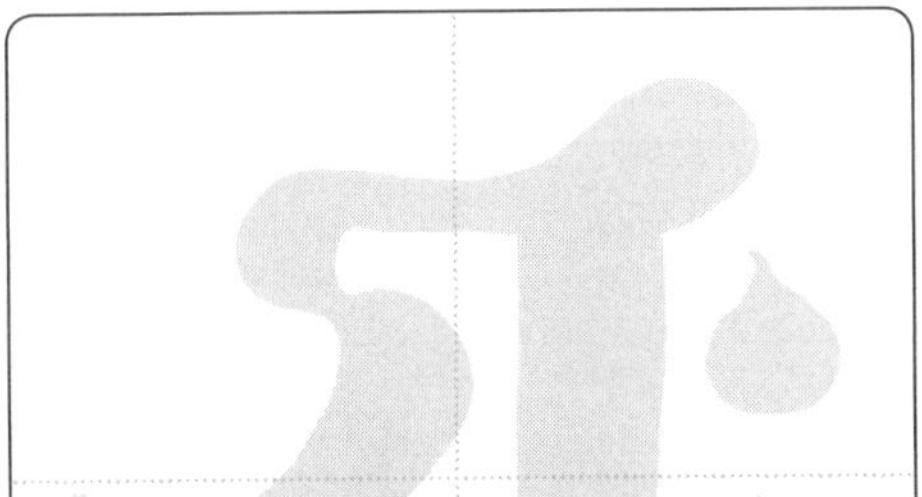

手を開くと、中は左図のようになってるよ！

手印

ギャクの印

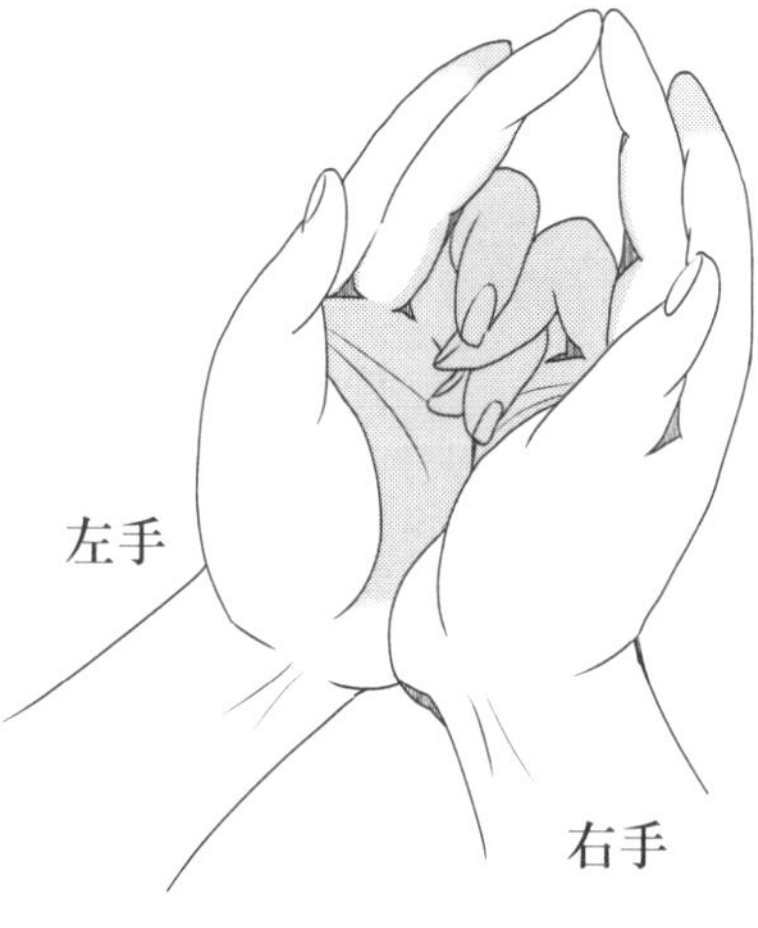
左手
右手

〈右斜め上から見た図〉

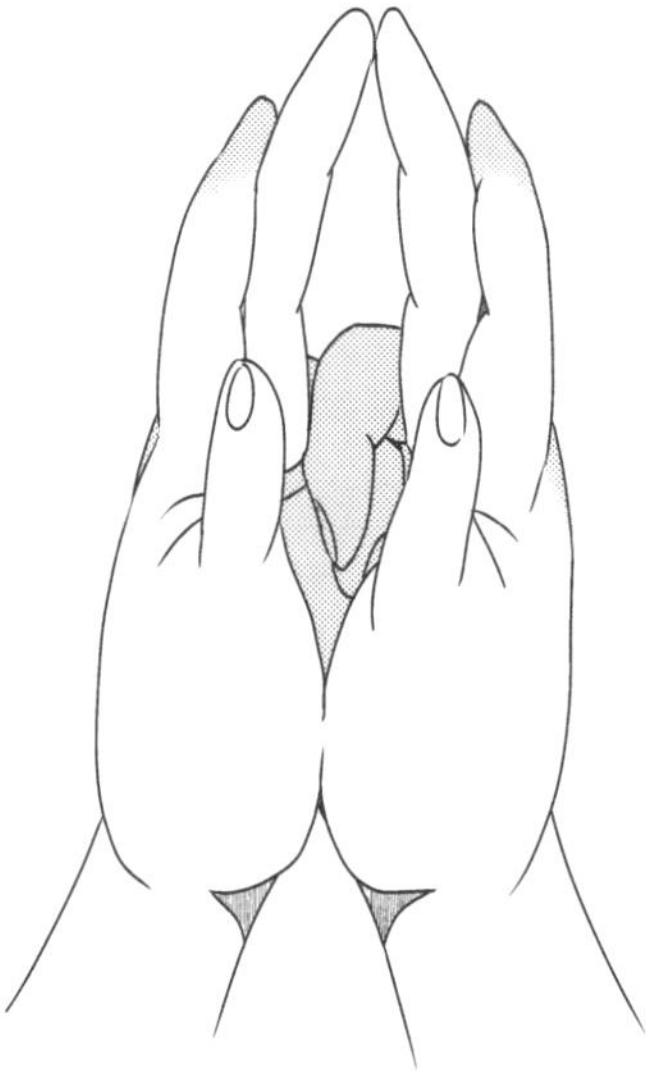

〈自分側から見た図〉

結び方のコツ

右手の指が手前にくるようにして両手を組み、中指を立てて合わせ、人さし指を中指の背につけます。親指は人さし指の横につけます。

功徳

歓喜天が抱擁する姿を表す印。悪いものを振るい落とし、財福と調和をもたらしてくれます。

お金が集まる家になる

読み
ヒリ

守護仏
地《ぢ》天《てん》

真言
オン　ビリチビエイ
ソワカ

梵字

土地を守護し、
徳を与えて
くださる仏様

筆順

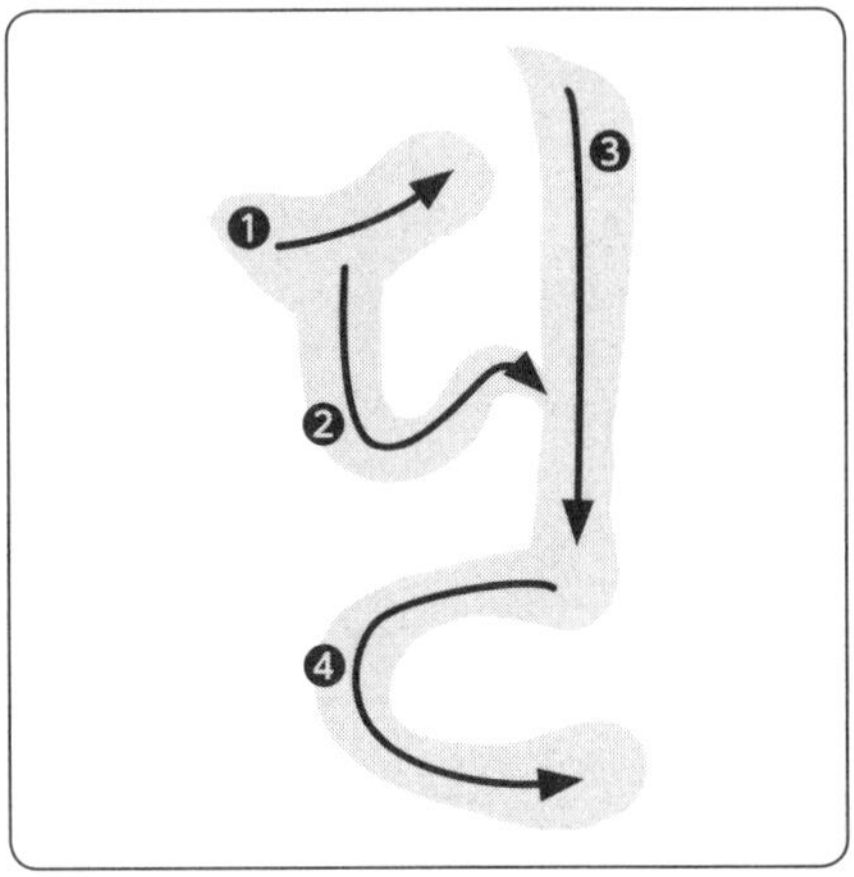
❶
❷
❸
❹

手印

ヒリの印

〈自分側から見た図〉

結び方のコツ

合掌の形から左右の五指を丸く膨らませ、水をすくうような形にします。

功徳

地天の持物である「花器」を表す印。地鎮祭にも用いられ、福徳と豊穣をもたらすと言われています。

金欠の窮地から救われる

読み

ハン

守護仏

白衣《びゃくえ》観音《かんのん》菩薩《ぼさつ》

真言

オン　シベイテイ　シベイ
テイ　ハンダラ　バシニ
ソワカ

梵字

清らかな菩提心で
衆生を救済して
くださいます

筆順

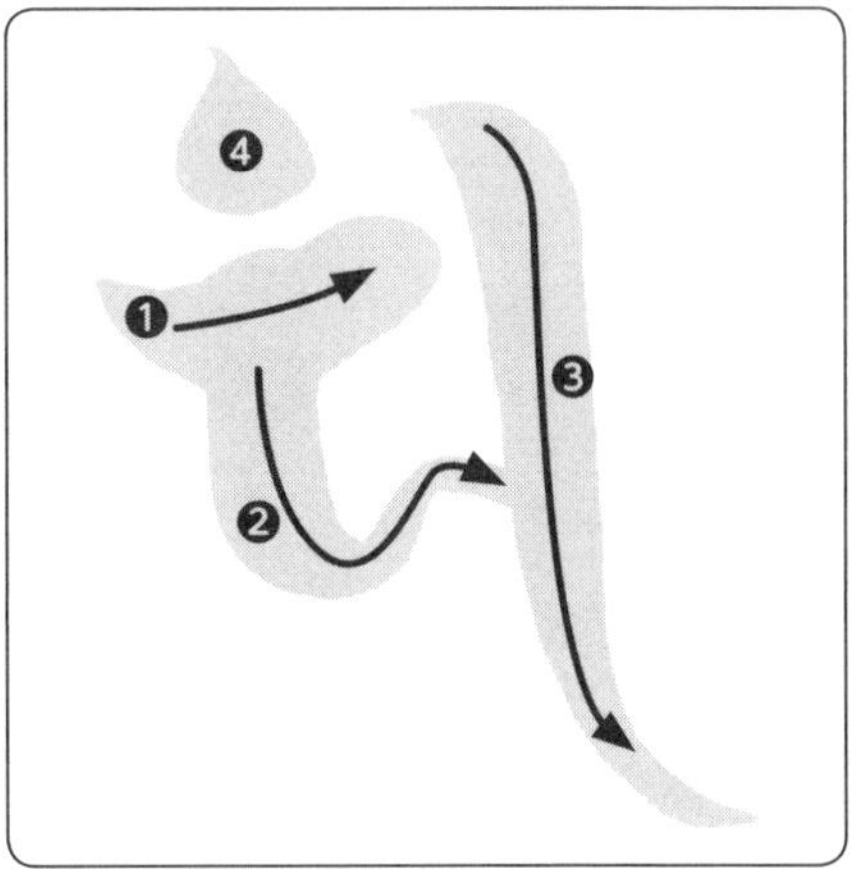
❶
❷
❸
❹

手印

ハンの印

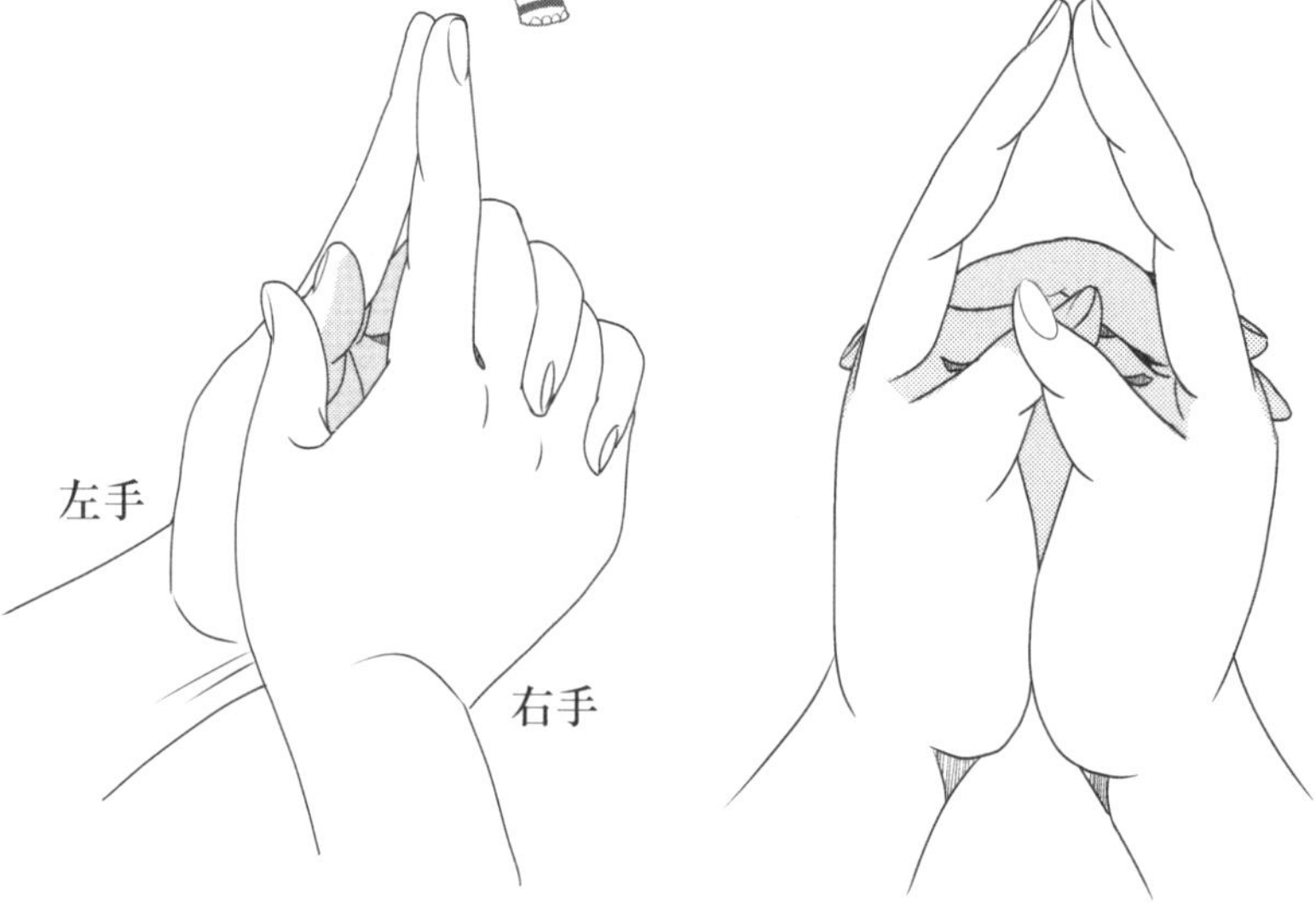

〈右方向から見た図〉　〈自分側から見た図〉

結び方のコツ

右手の指が手前にくるようにして両手を組み、人さし指を立てて先をつけ、丸くします。親指は少し立てます。

功徳

この印を結んで真言を7回唱えれば、白衣観音の守護を受けられると同時に悪運を追い払うことができます。

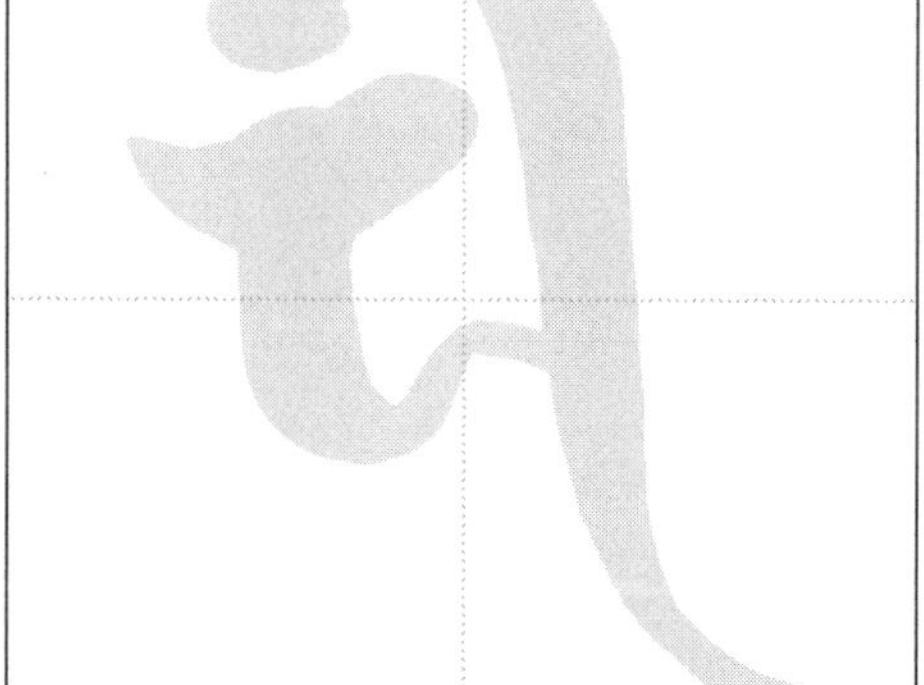

無駄遣いをなくす

読み

ア

守護仏

火《か》天《てん》

真言

オン　アギャナエイ　ソワカ

「お金を使いたい」煩悩や衝動を滅してくださいます

梵　字

筆　順

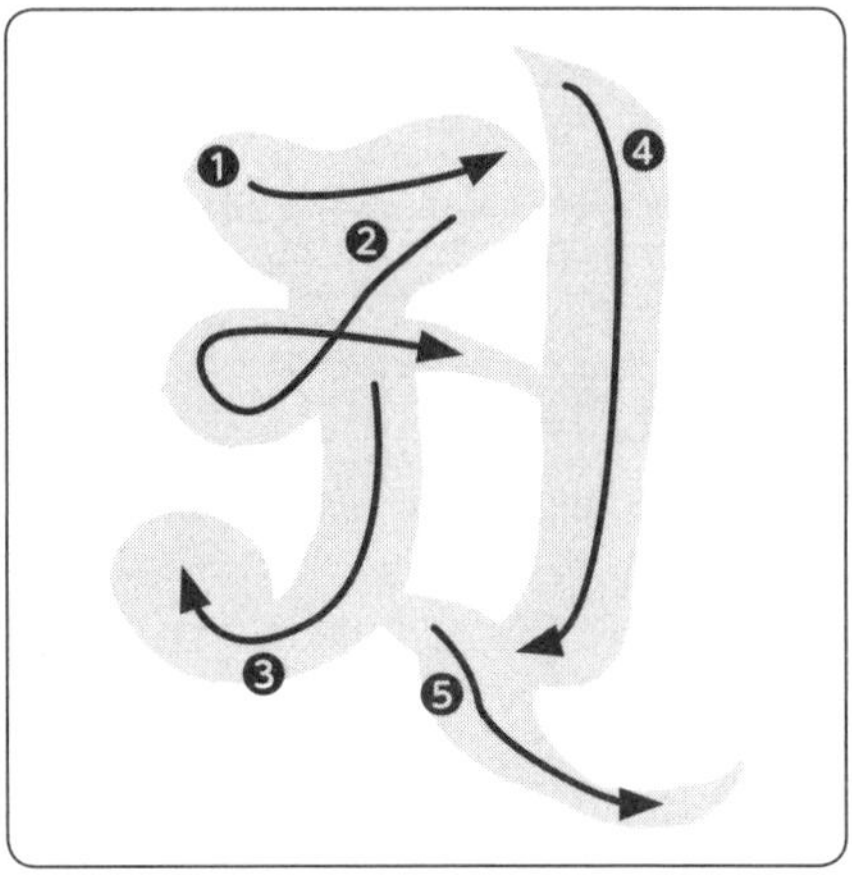
❶
❷
❸
❹
❺

手印

アの印

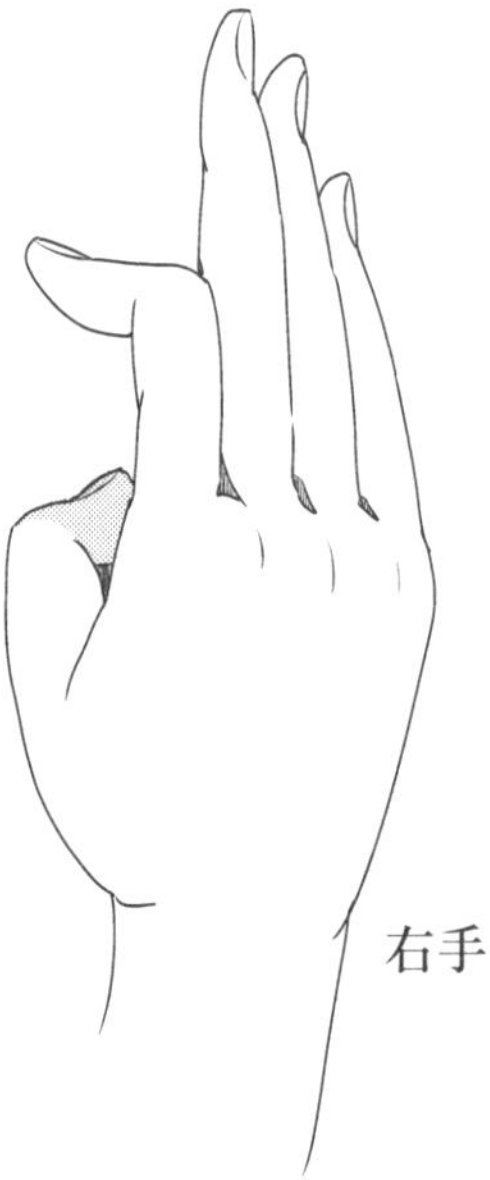

〈自分側から見た図〉

結び方のコツ

左手は腰にあてて右手を立て、人さし指を第二関節から内側に曲げて、親指を手のひら側に曲げ入れます。残りの三指はそろえて。

功徳

仙人の姿で炎の中に座している火天を表す印。真言を唱えることで煩悩が焼き尽くされ、心身の浄化を図ることができます。

貸したお金を取り戻す

読み

ウン

守護仏

鬼《き》子《し》母《も》神《じん》

真言

オン　トドマリ　キャキテイ
ソワカ

梵字

盗難除け、子育て安産のご利益もあり

筆順

手印

ウンの印

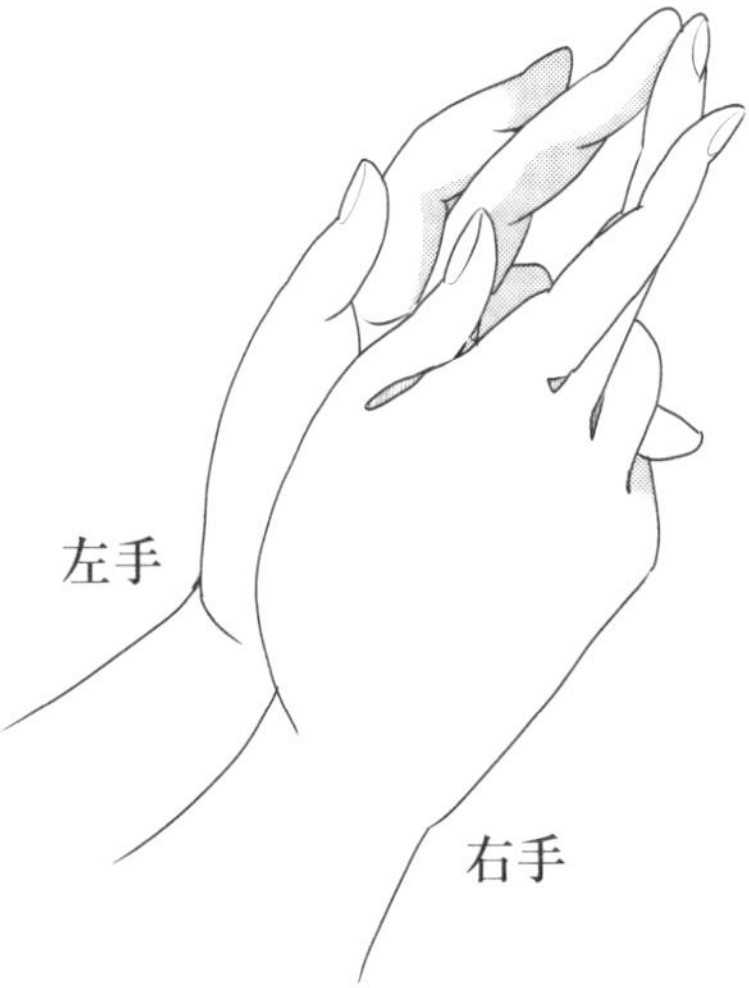

〈右方向から見た図〉

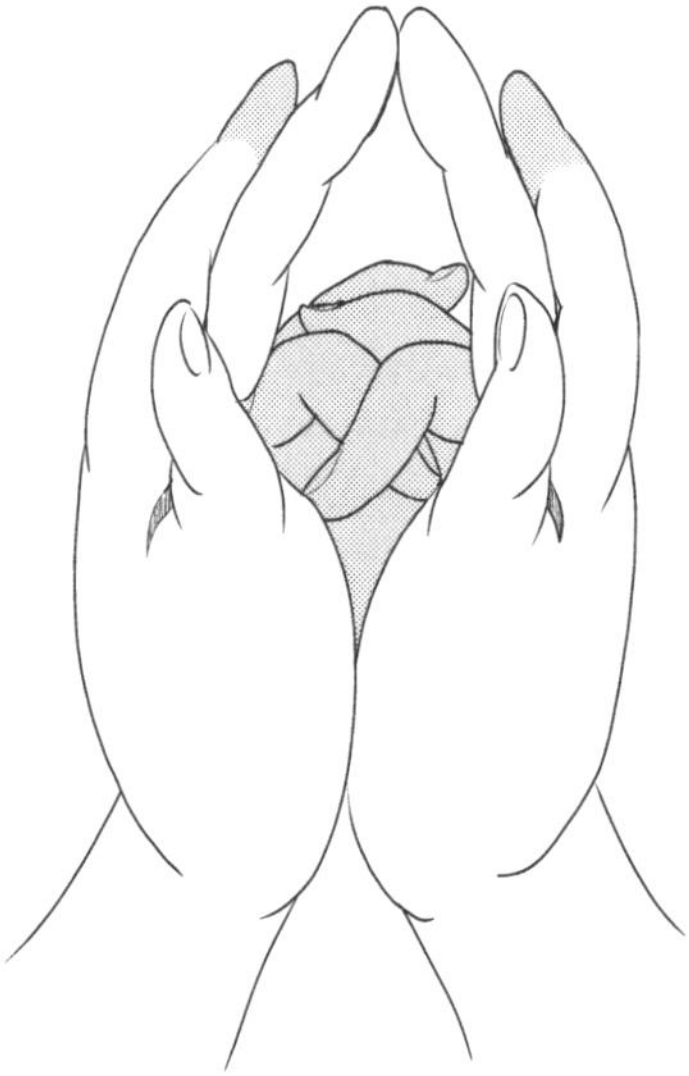

〈自分側から見た図〉

結び方のコツ

右手の指が手前にくるように両手を組み、小指を交差させて薬指を手のひらの中に入れます。中指を立て合わせ、人さし指を中指の背につけ、親指は人さし指の節につけます。

功徳

負債を返さない者の人形を塩で作り、この印を結んで真言を唱えるとただちに解決すると言われています。

貧乏神を追い払う

読み

ガ（ギャ）

守護仏

迦《か》楼《る》羅《ら》

真言

オン　ガルダヤ　ソワカ

一切の悪を
食いつくす半鳥人
の姿をした仏様

梵　字

筆　順

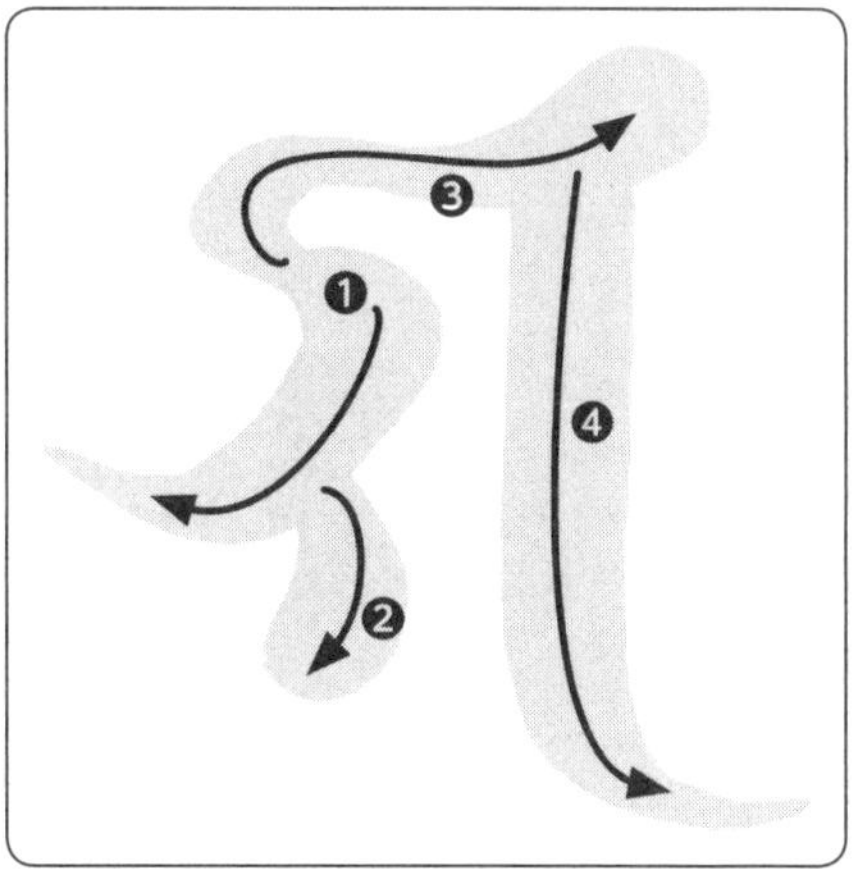
❶
❷
❸
❹

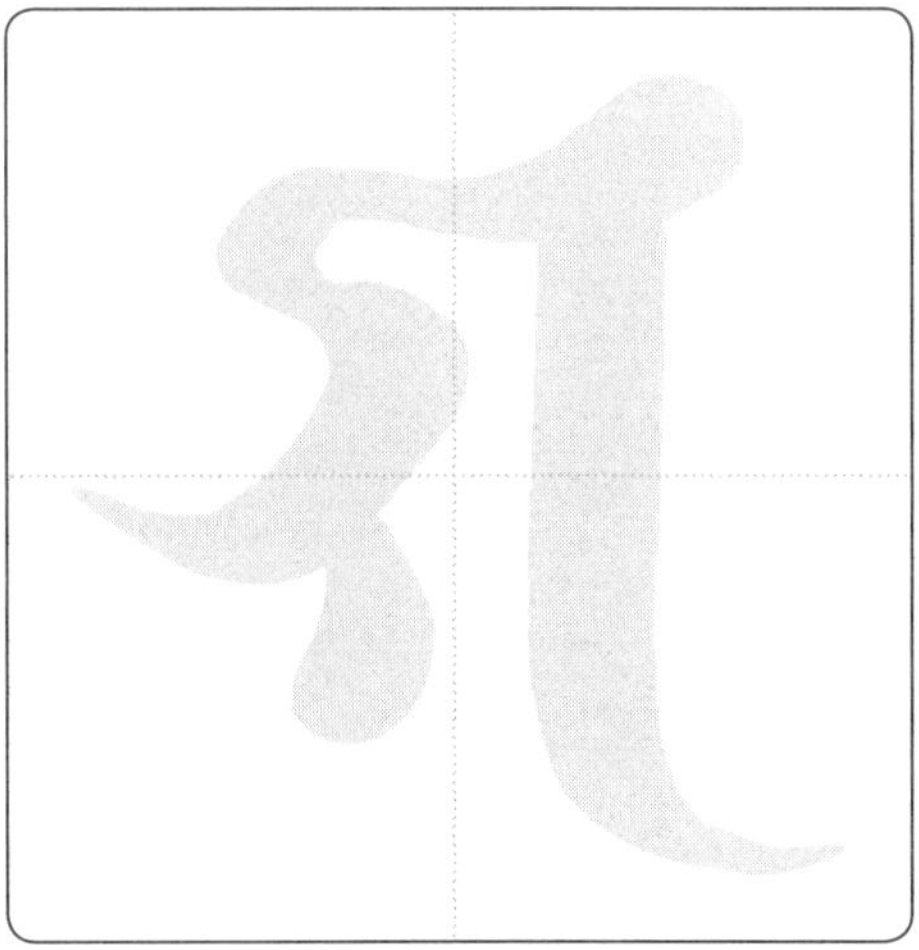

手印 ガ（ギャ）の印

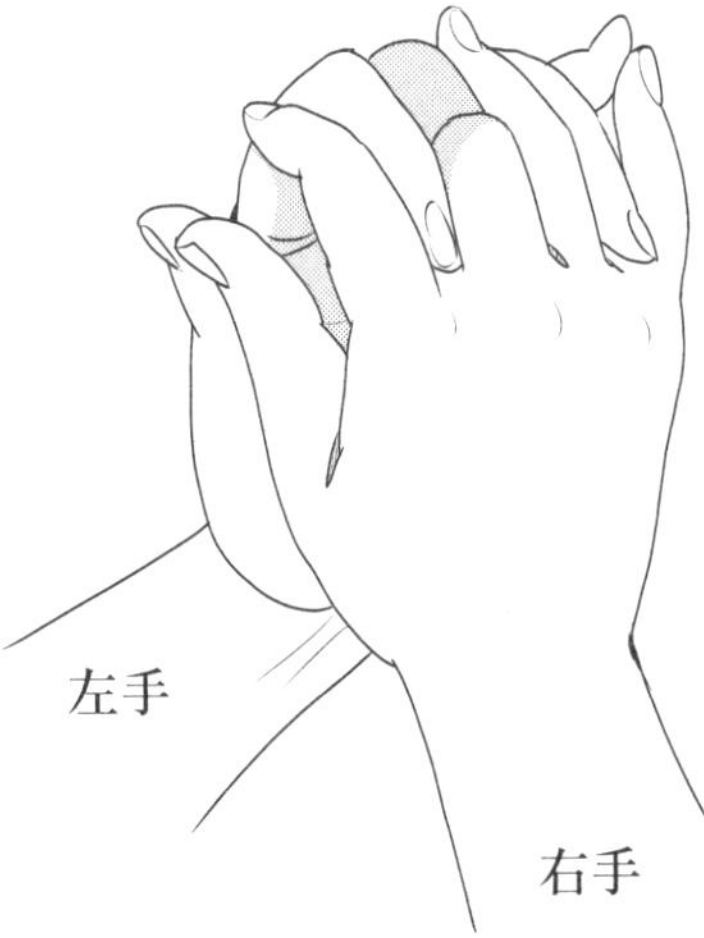

〈右方向から見た図〉

〈自分側から見た図〉

結び方のコツ

右の指が手前にくるようにして左右の手を握り合わせ、中指を手のひらの中に入れてくっつけます。親指と小指はそれぞれ先端を合わせます。

功徳

人間と仏様の心が触れあい、東西南北の四方から守護を受けることができます。

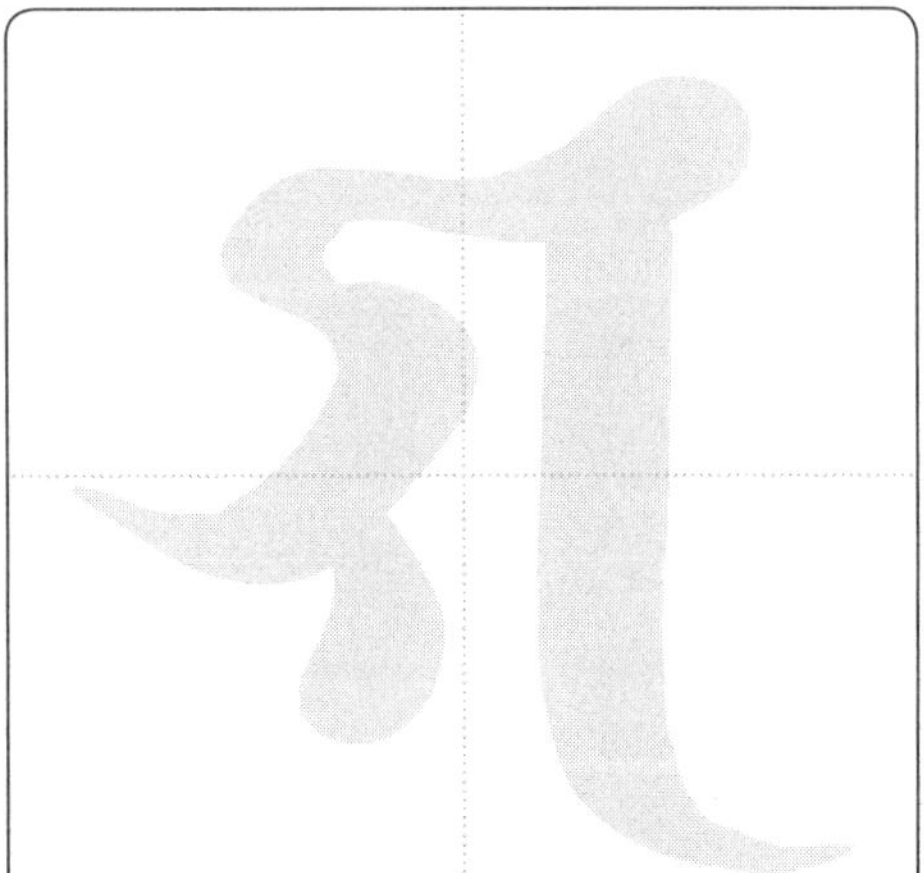

盗難・詐欺を回避する

読み

ク

守護仏

韋駄天《いだてん》

真言

オン　イダテイタ　モコテ
イタ　ソワカ

仏教守護、
足腰の健康にも
ご利益があります

梵字

筆順

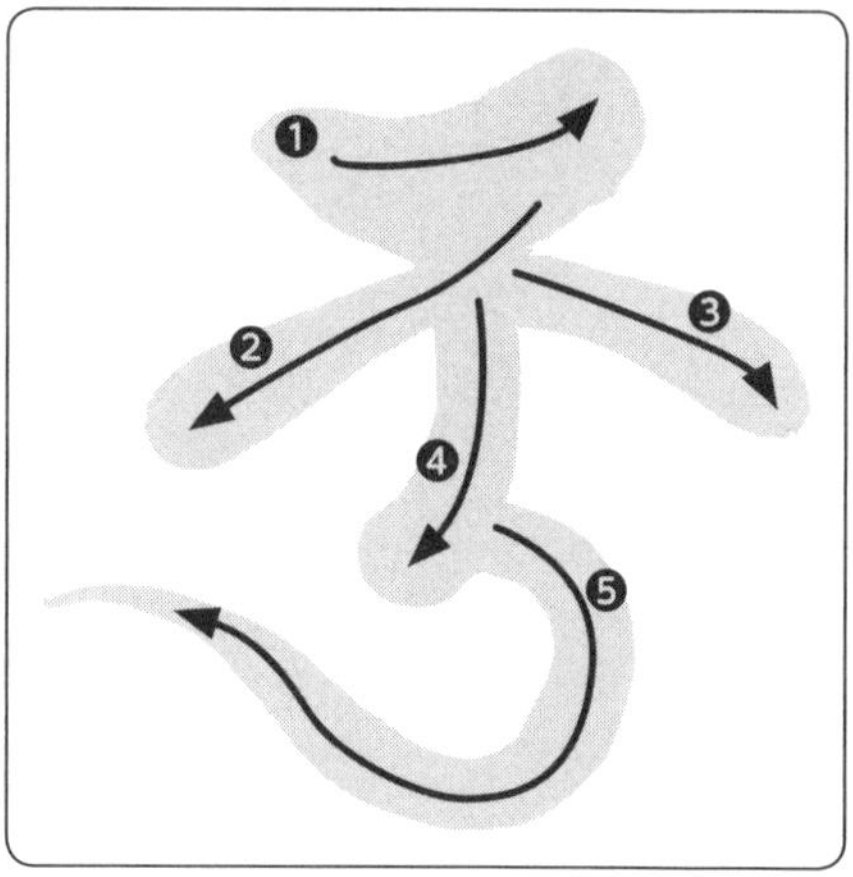

1
2
3
4
5

手印

クの印

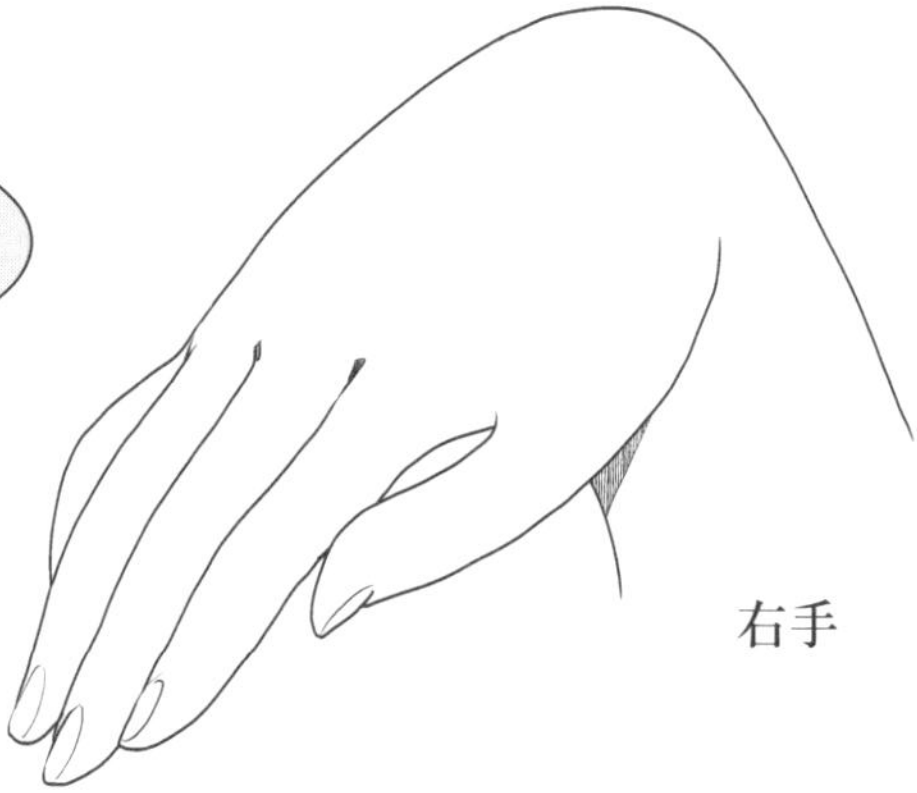

〈正面から見た図〉

結び方のコツ

右手の指をそろえ、少し内向きに、手首から下方へ向けます。親指は人さし指の側面に添えます。

功徳

俊足の韋駄天が、お釈迦様のために駆けまわって食料を集めたのが「ご馳走」という言葉の由来に。盗難除けのほかに厨房守護、仏教守護のご利益もあります。

いまある財産を守る

読み
アーク

守護仏
毘《び》盧《る》遮那《しゃな》如来《にょらい》

真言
ノウマク　サマンダ　ボダ
ナン　アビラ　ウン　ケン

安穏な生活を
守護し、願いも叶
えてくださる仏様

梵　字

筆　順

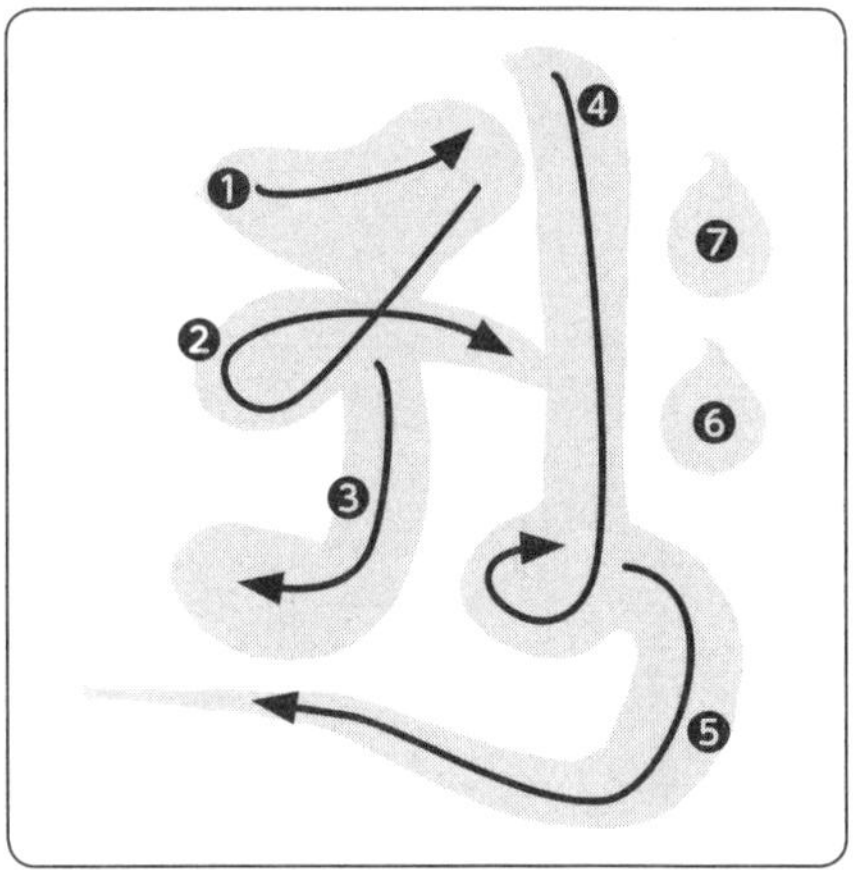
1
2
3
4
5
6
7

手印

アークの印

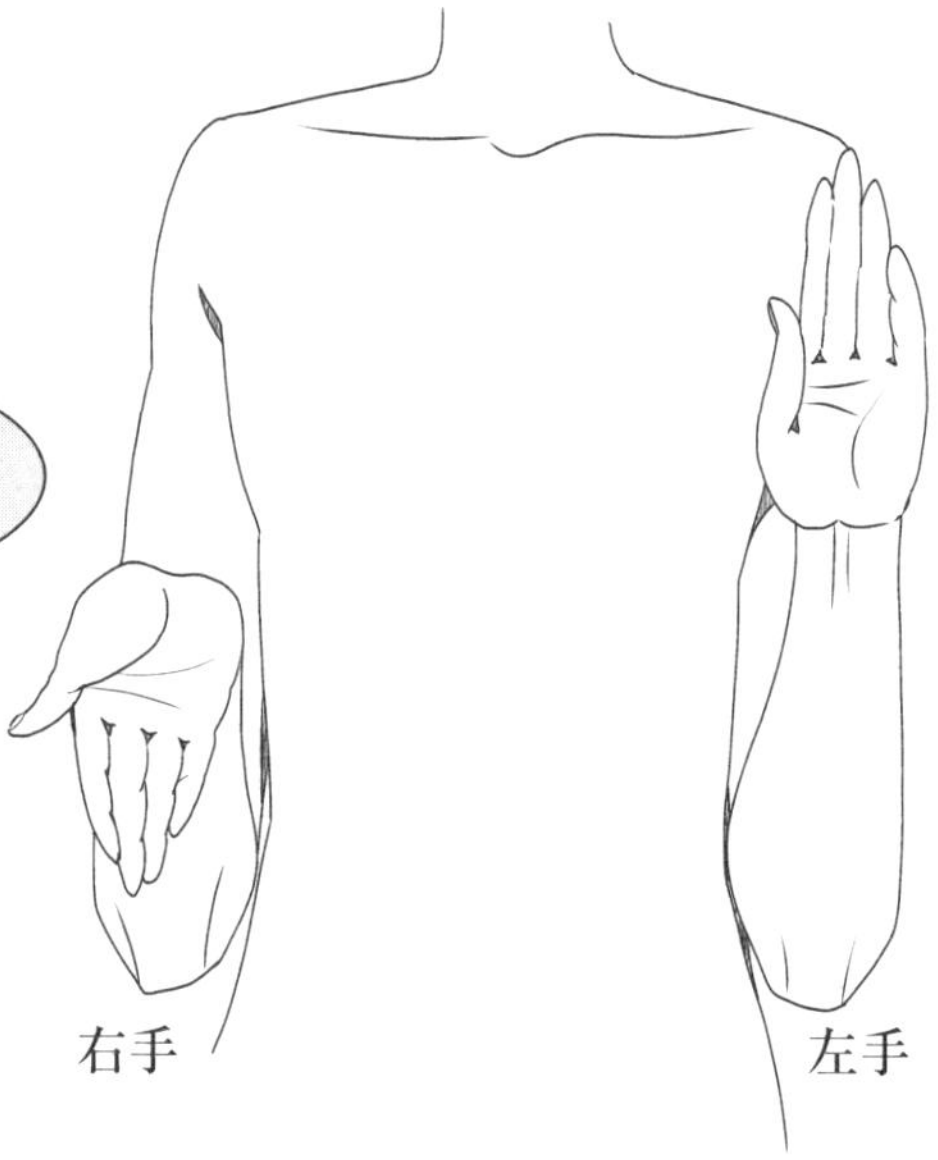

〈正面から見た図〉

結び方のコツ

右手を上げて、手のひらを正面に向けます。左手は下げて、指先を下にして手のひらを正面に向けます。

功徳

右手の印ではあらゆる恐れを取り除くことを表し、左手の印では願いを叶えることを表しています。

生まれ月の守護梵字　1月・2月生まれ

読み

タラーク

守護仏

虚《こ》空《くう》蔵《ぞう》菩《ぼ》薩《さつ》

真言

オン　バザラ　アラタンノウ
オン　タラク　ソワカ

知恵と福徳を与え、病気や罪を消滅してくださいます

梵字

筆順

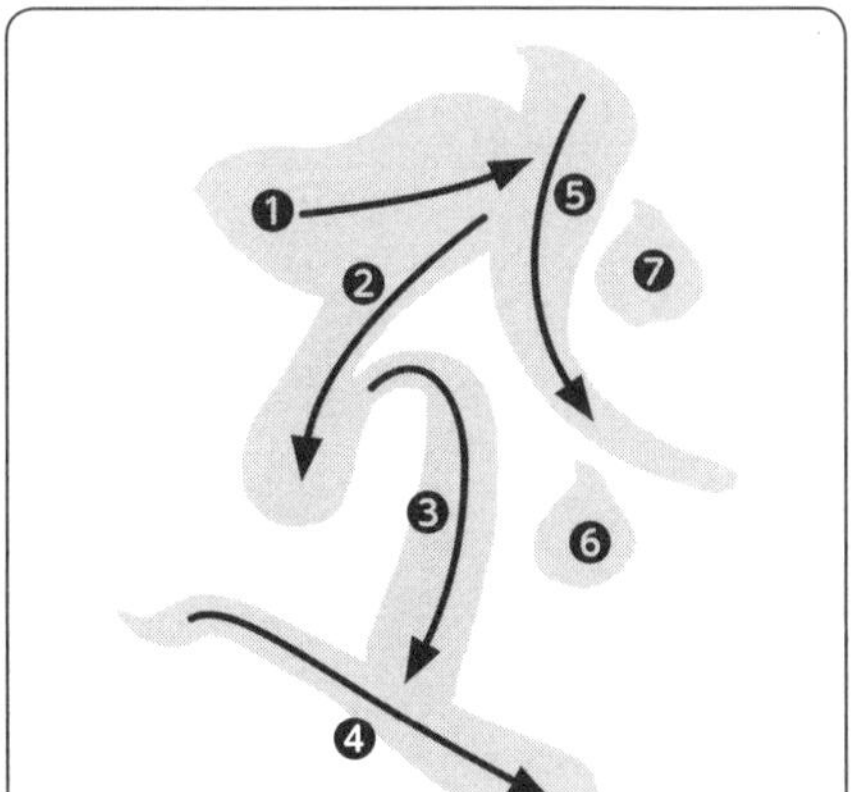

❶
❷
❸
❹
❺
❻
❼

手印

タラークの印

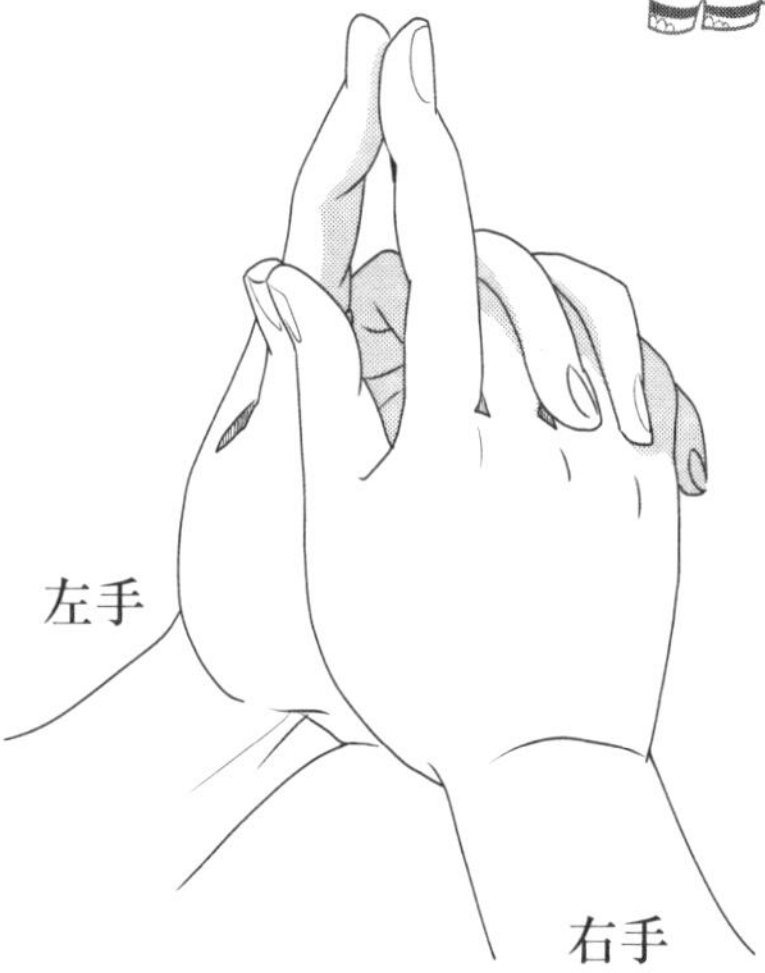

〈右方向から見た図〉

〈自分側から見た図〉

結び方のコツ

右手の指が手前にくるように五指を組み、人さし指の先を合わせて丸い形を作り、親指を並べて立てます。

功徳

あらゆる宝を生みだすという「如意宝珠」を表す印。悪運が去り、心が喜びに満たされます。

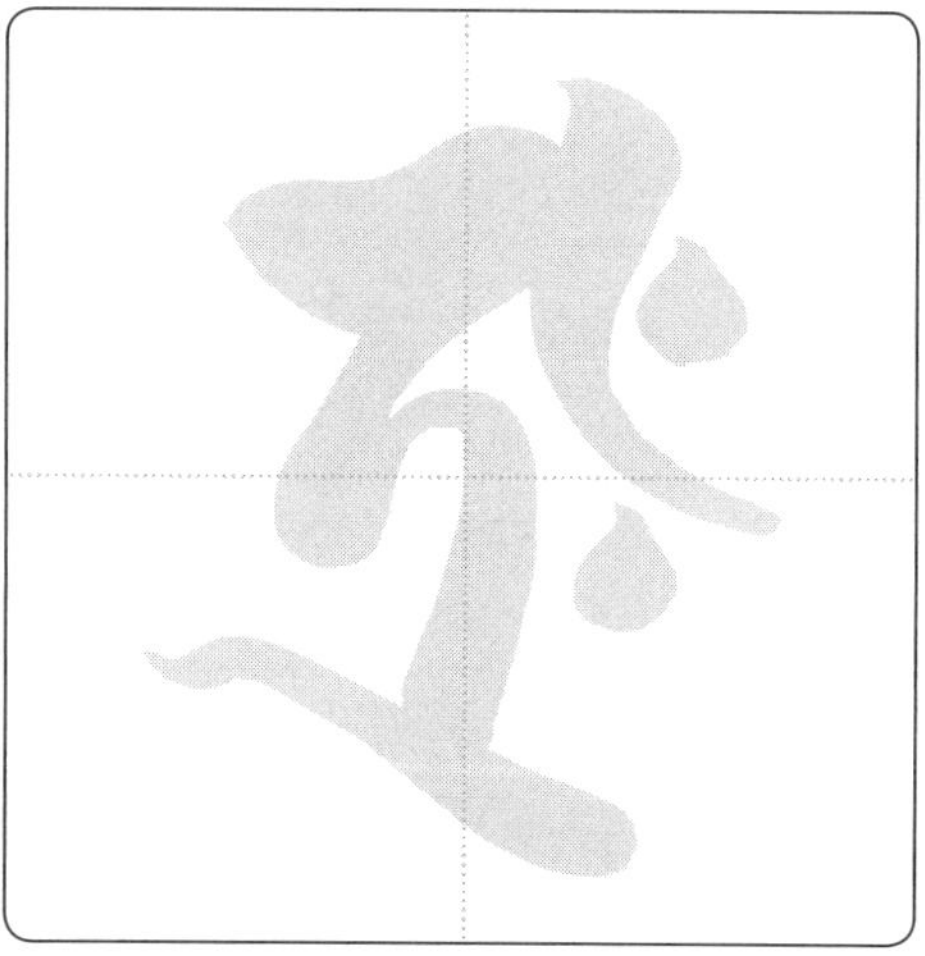

生まれ月の守護梵字　3月生まれ

読み　マン

守護仏　文殊《もんじゅ》菩薩《ぼさつ》

真言　オン　アラハシャ　ノウ

獅子を従えた知恵と学徳の仏様

梵字

筆順

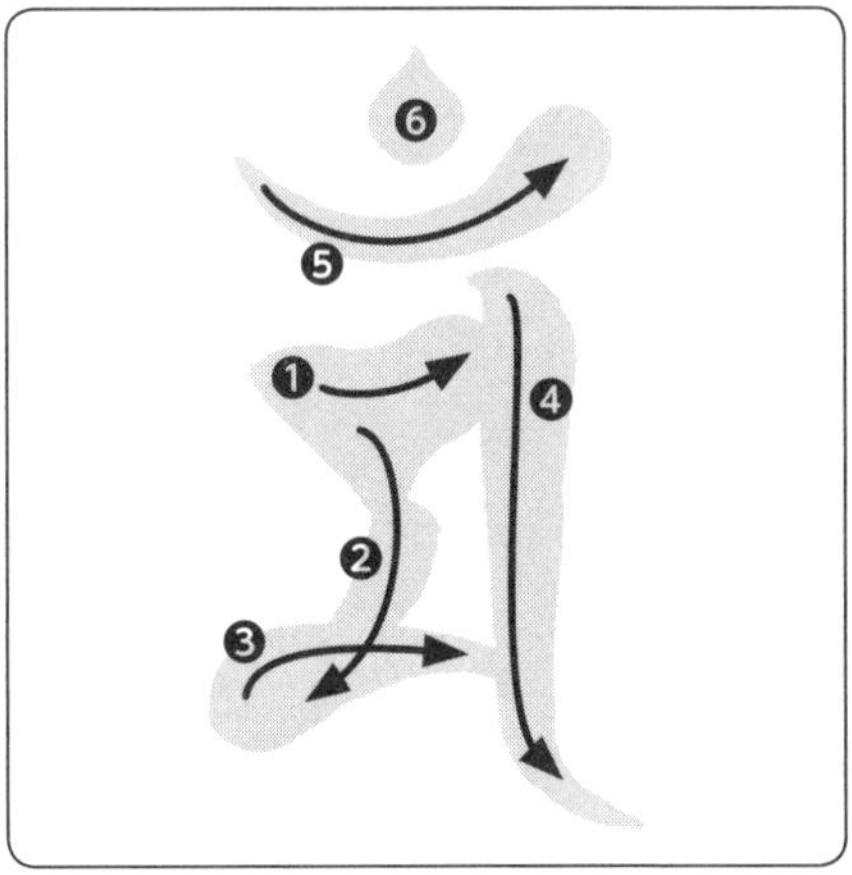

手印

マンの印

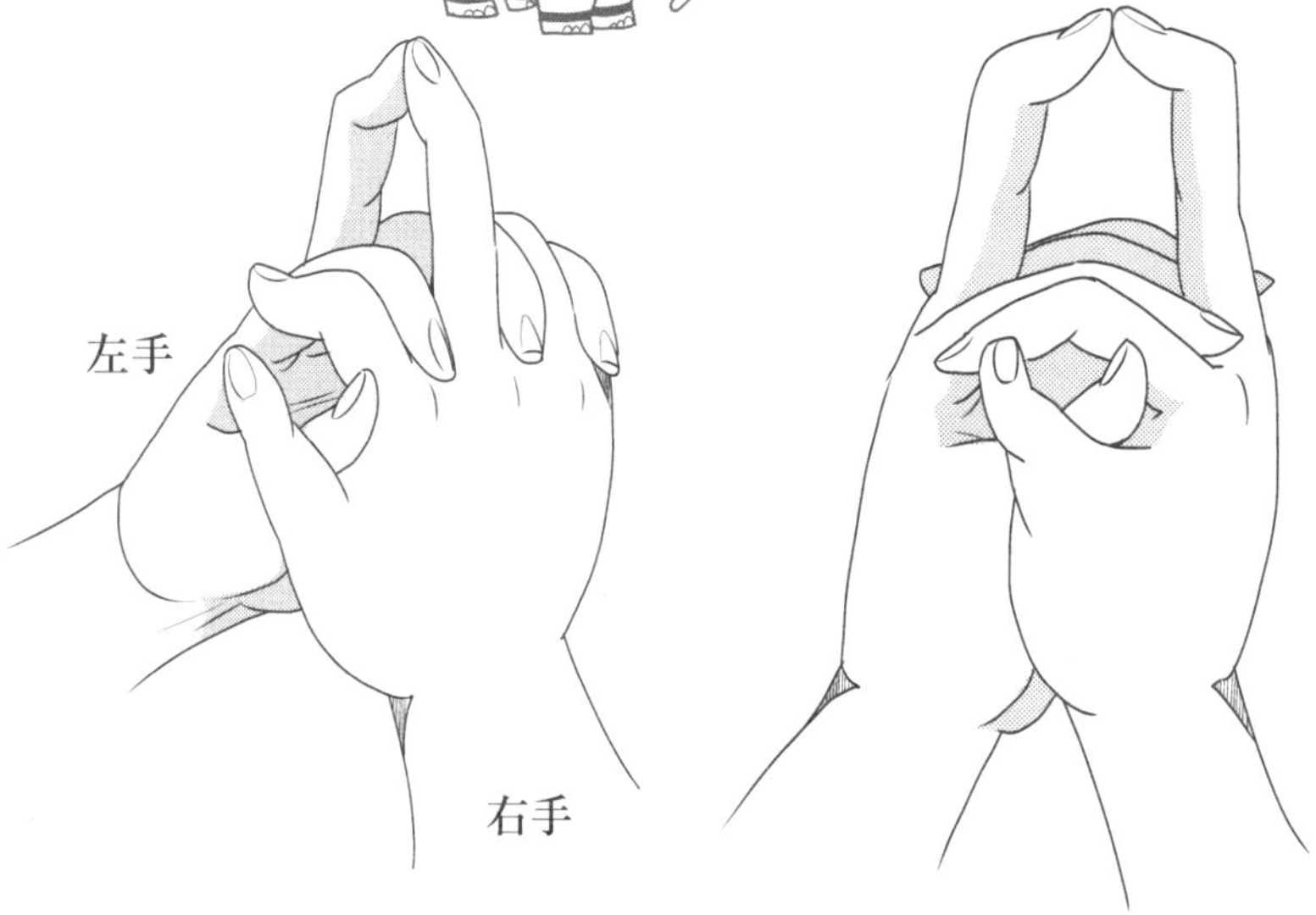

〈右方向から見た図〉　〈自分側から見た図〉

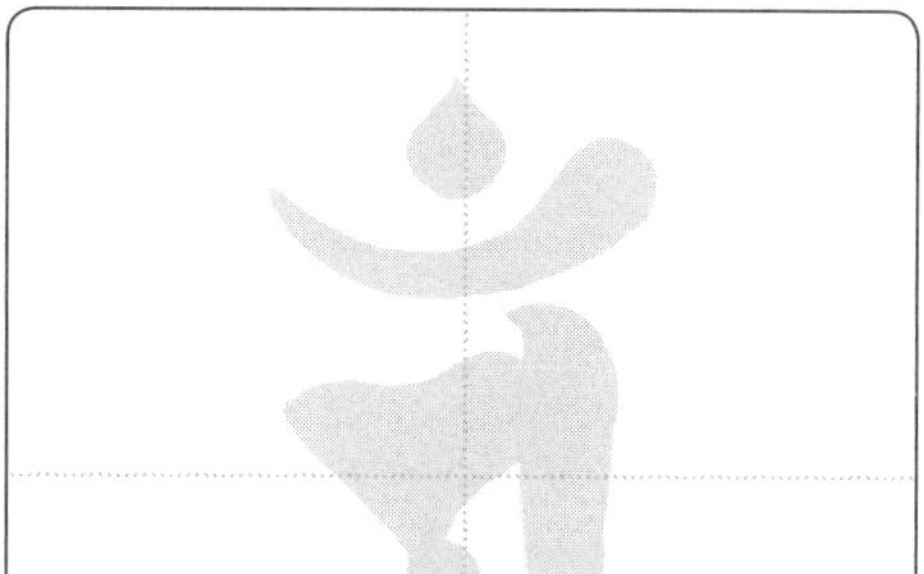

結び方のコツ

右手の指が手前にくるように五指を組み、中指を立てて合わせ、剣のような形にします。

功徳

人々を悟りへ導く仏の知恵の象徴である「般《はん》若《にゃ》の利剣」を表す印。ともに真言を唱えるとその知恵を得られます。

生まれ月の守護梵字　4月・5月生まれ

読み

アン

守護仏

普《ふ》賢《げん》菩《ぼ》薩《さつ》

真言

オン　サンマヤ　サタバン

子供や女性を
守護する知恵と
悟りの仏様

梵　字

筆　順

❶
❷
❸
❹
❺
❻
❼

手印

アンの印

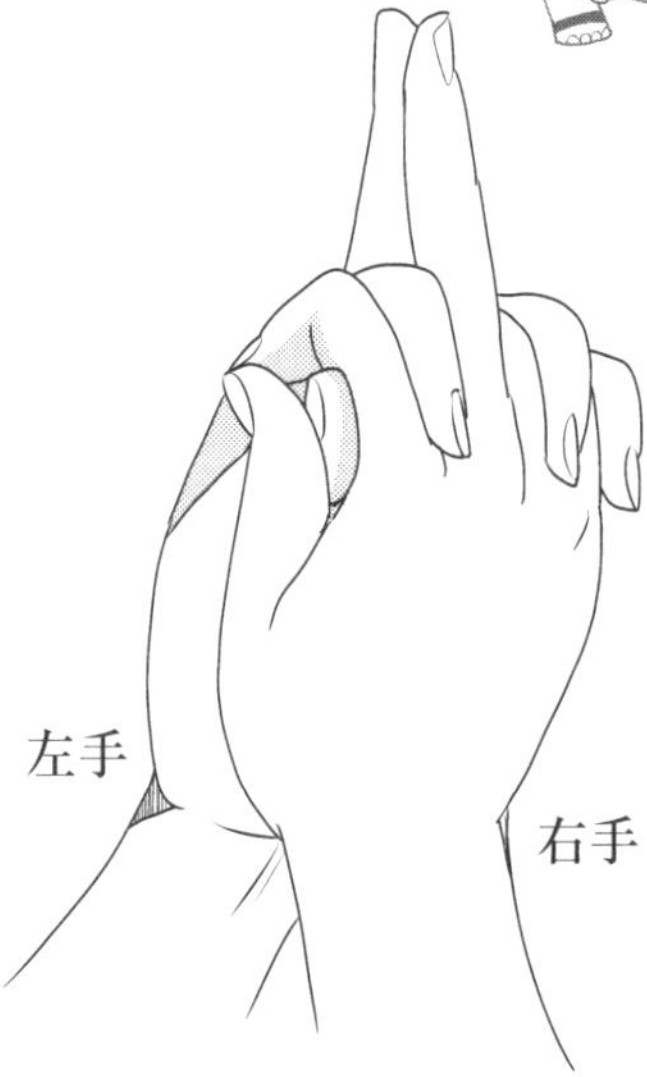

〈右方向から見た図〉

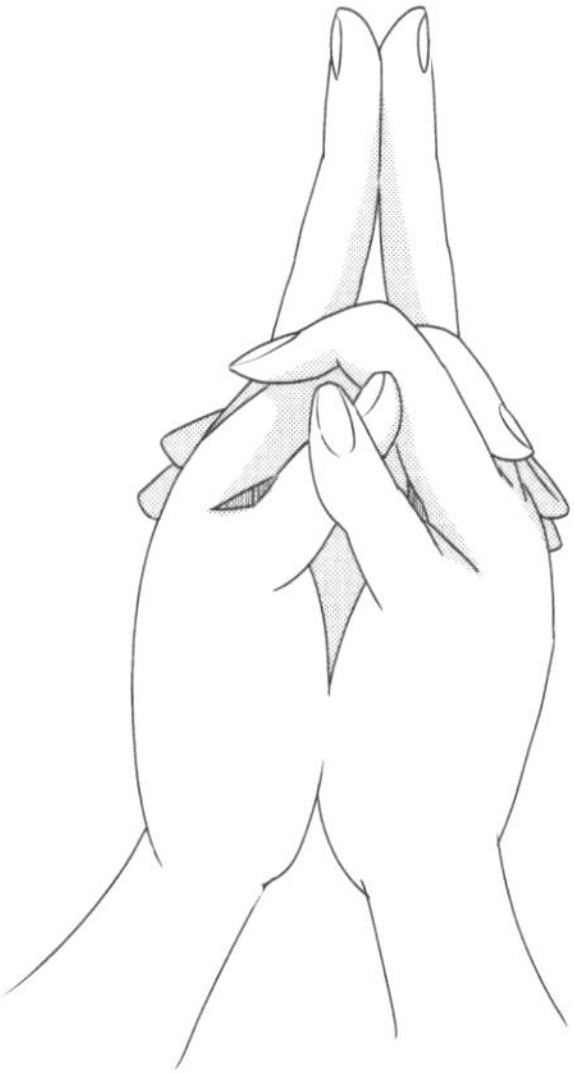

〈自分側から見た図〉

結び方のコツ

右手の指が手前にくるように五指を組み、左右の中指を立てて指先を合わせます。

功徳

この印を結んで真言を唱えれば、菩薩の知恵を授かり、あらゆる願いが成就すると言われています。

生まれ月の守護梵字　6月生まれ

読み

サク

守護仏

勢至《せいし》菩薩《ぼさつ》

真言

オン　サンザンザンサク
ソワカ

才能と安泰を
与えてくれる知恵
を司る仏様

梵　字

筆　順

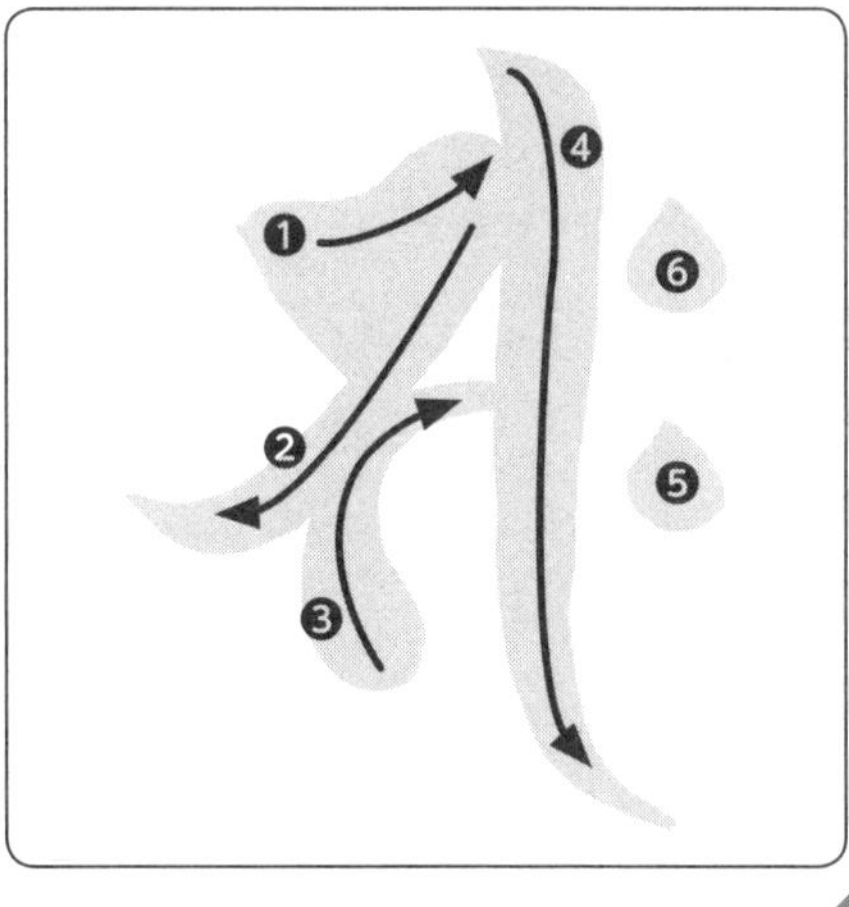
❶
❷
❸
❹
❺
❻

手印

サクの印

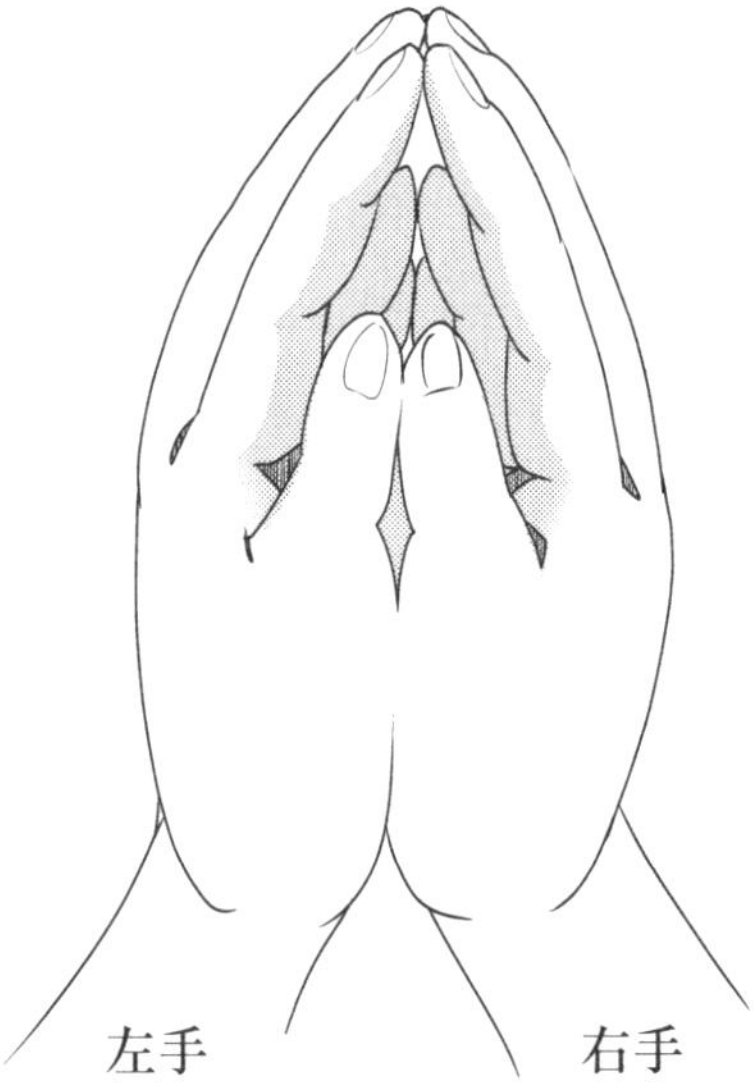

〈自分側から見た図〉

結び方のコツ

両手の指先を均等に合わせ、手のひらと指の腹は離してふくらませるように合掌します。

功徳

蕾《つぼみ》の状態の蓮華を表現した、仏様の知恵と教えを納める印。慈悲心と菩提心を得られます。

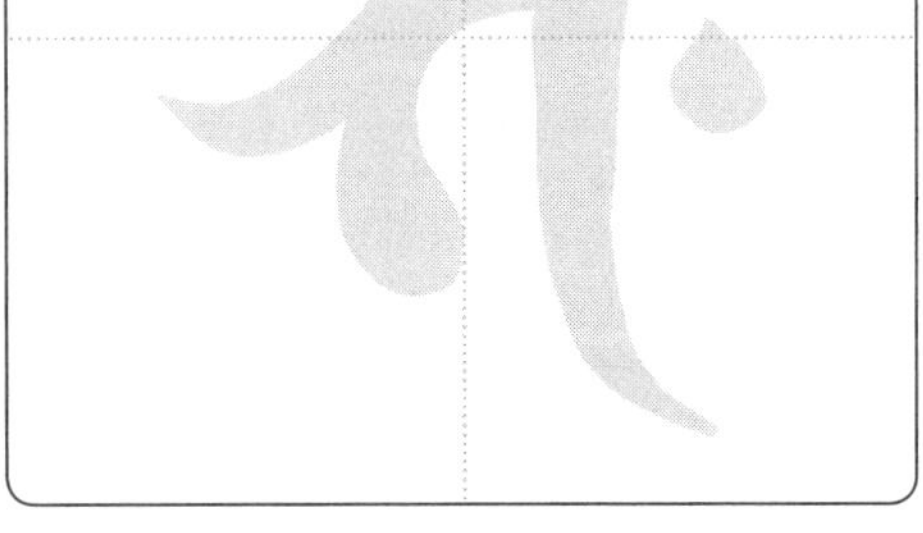

生まれ月の守護梵字 7月・8月生まれ

読み
バン

守護仏
金《こん》剛《ごう》界《かい》大《だい》日《にち》如《にょ》来《らい》

真言
オン　バサラ　ダトバン

願望を叶えるための知恵を授けてくださる仏様

梵字

筆順

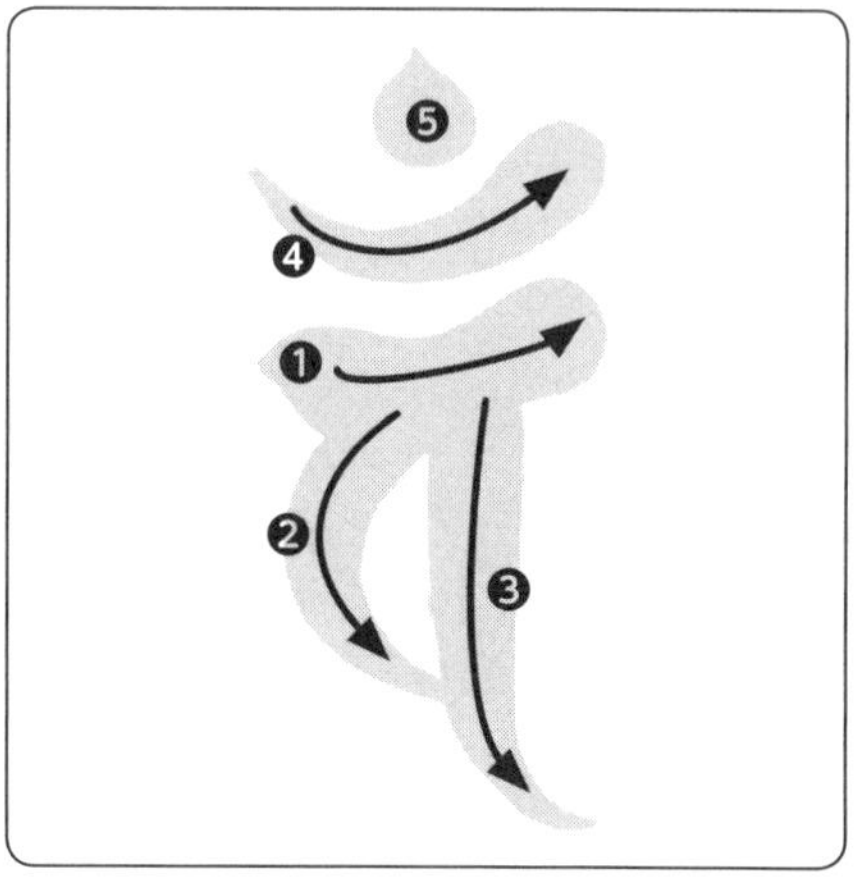
❺
❹
❶
❷
❸

手印
バンの印

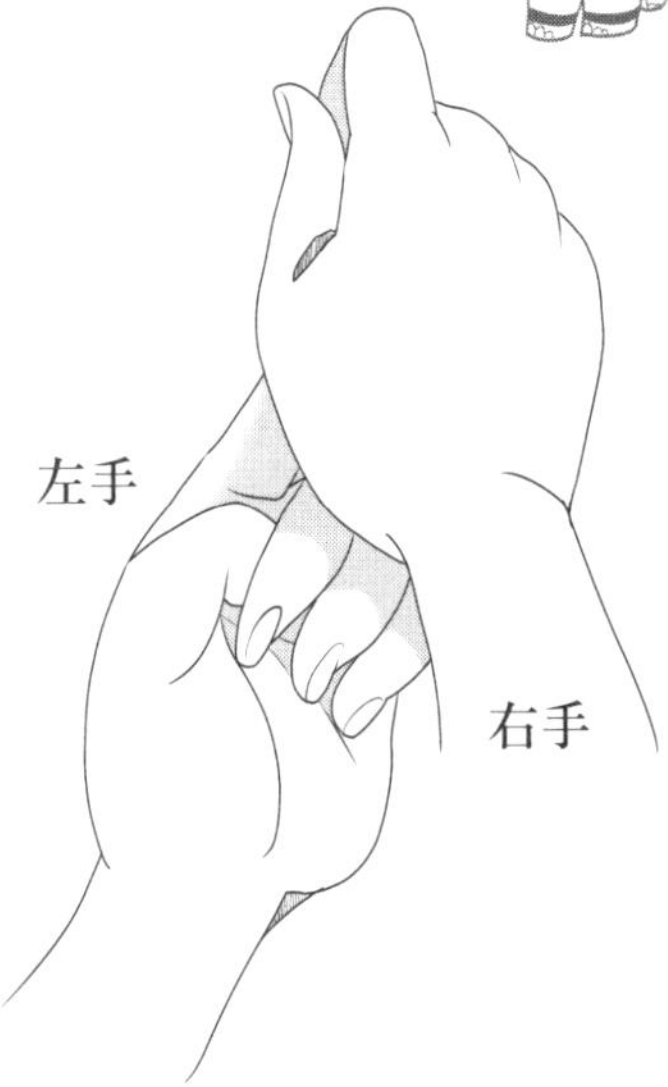

〈右方向から見た図〉

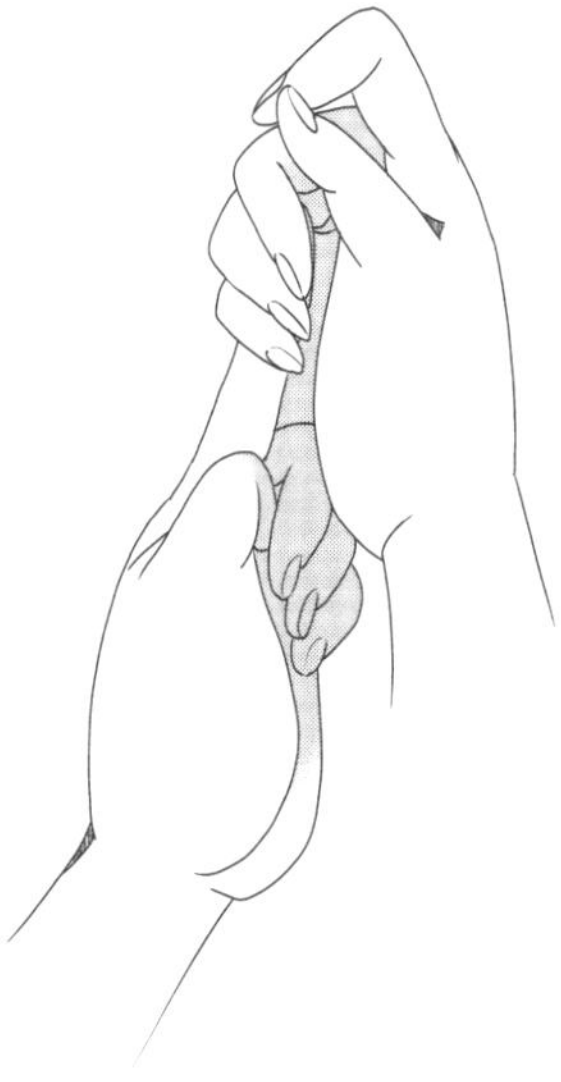

〈自分側から見た図〉

結び方のコツ

両手で縦向きの拳を作り、左手の人差し指を伸ばして、それを右の拳で握ります。右手の人差し指は少し立てて、親指を軽く添えます。

功徳

仏様の宝冠を戴《いただ》くことを意味する印。煩悩や妄想を消滅して仏の知恵を得られるとされています。

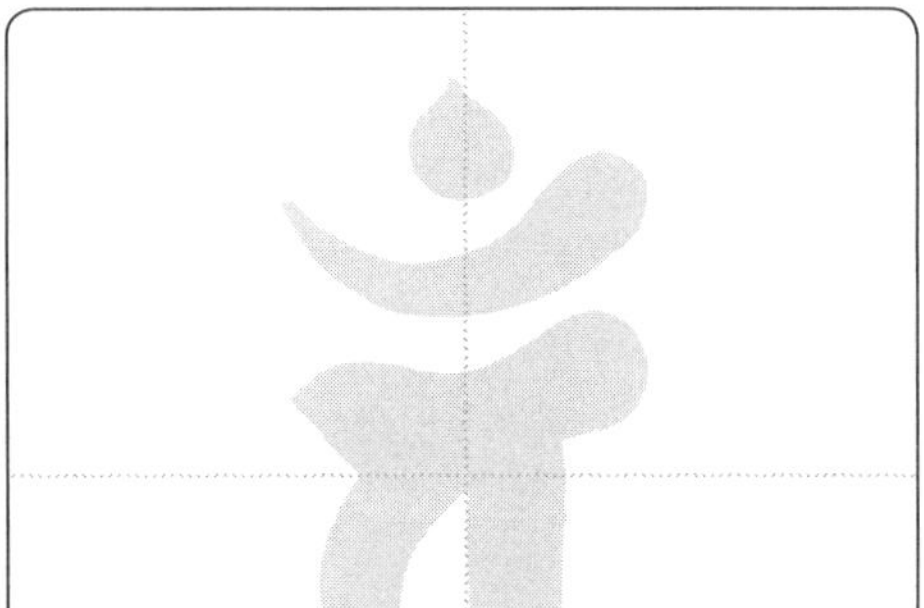

生まれ月の守護梵字　9月生まれ

読み

カーン

守護仏

不動明王《ふどうみょうおう》

真言

ノウマク　サーマンダー
バザラダン　カン

梵字

開運と出世に
最強の力を貸して
くださる仏様

筆順

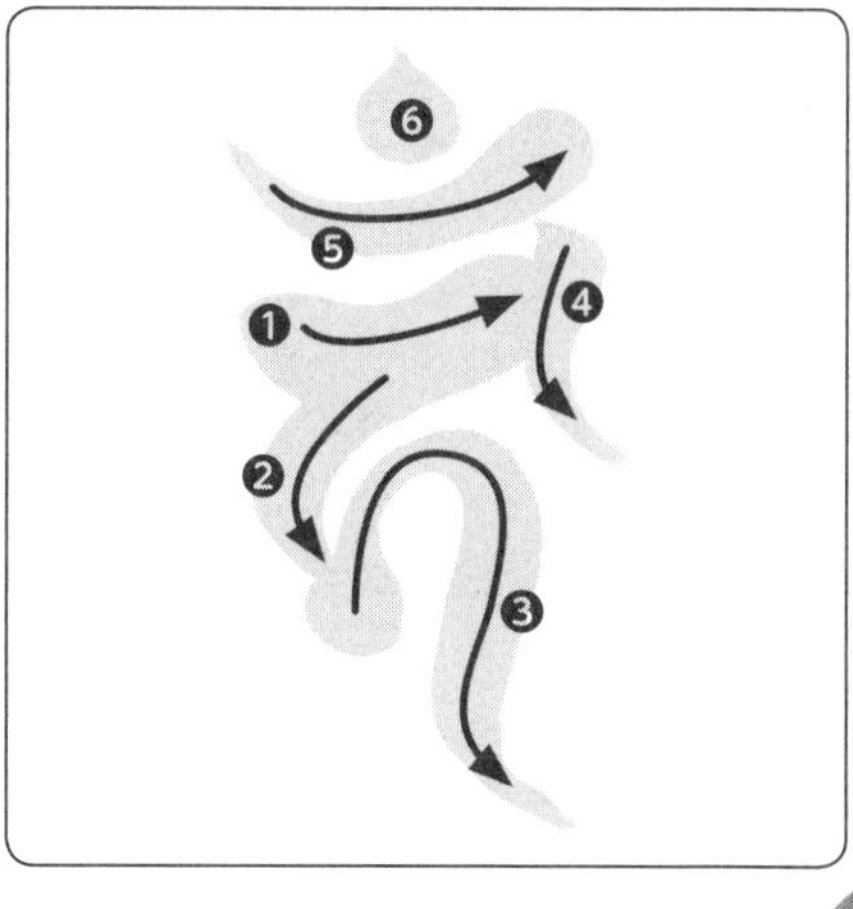

❶
❷
❸
❹
❺
❻

35ページの「カンマン」の手印と同じだよ♪

手印

カーンの印

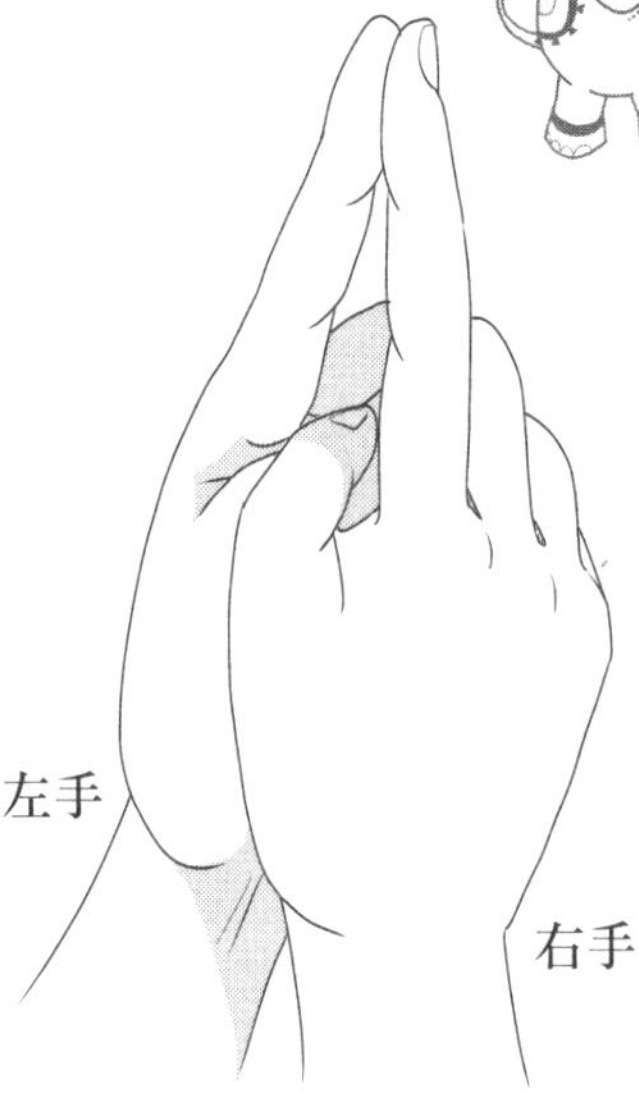
左手
右手

〈右方向から見た図〉

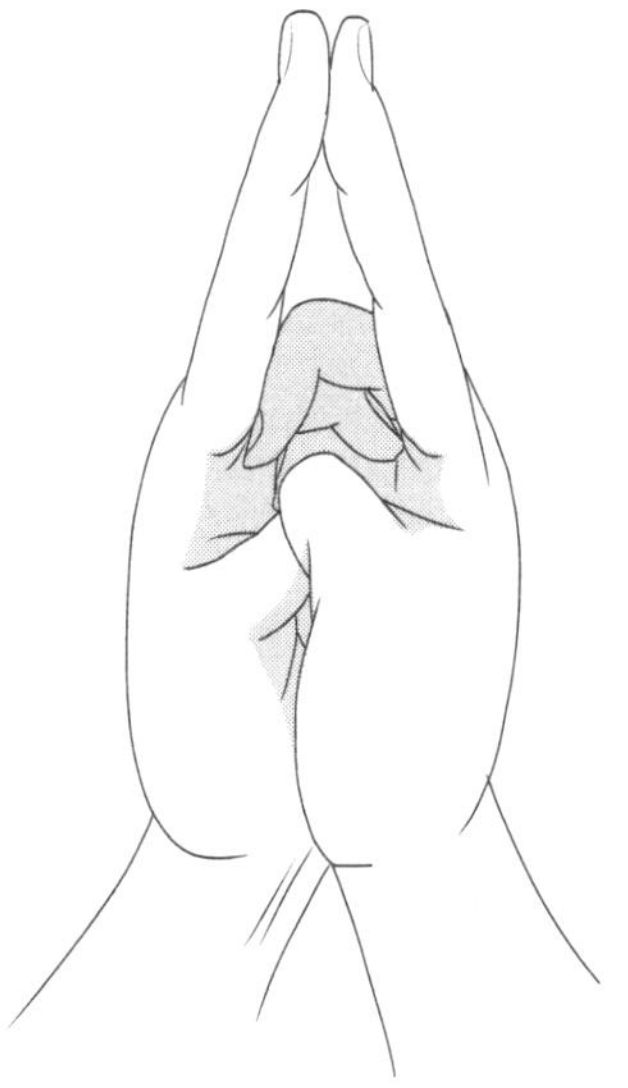

〈自分側から見た図〉

結び方のコツ

右手を上にして五指が拳の中に入り込むように両手を組み、人さし指を立てて合わせ、親指で薬指を押さえます。

功徳

この印を結んで真言を唱えれば、不動明王の守護を得て福徳に恵まれます。

生まれ月の守護梵字　10月・11月生まれ

読み
キリーク

守護仏
阿《あ》弥《み》陀《だ》如来《にょらい》

真言
オン　アミリタテイゼイ　カラウン

梵字

悩みや苦しみを
解決してくださる
光明の仏様

筆順

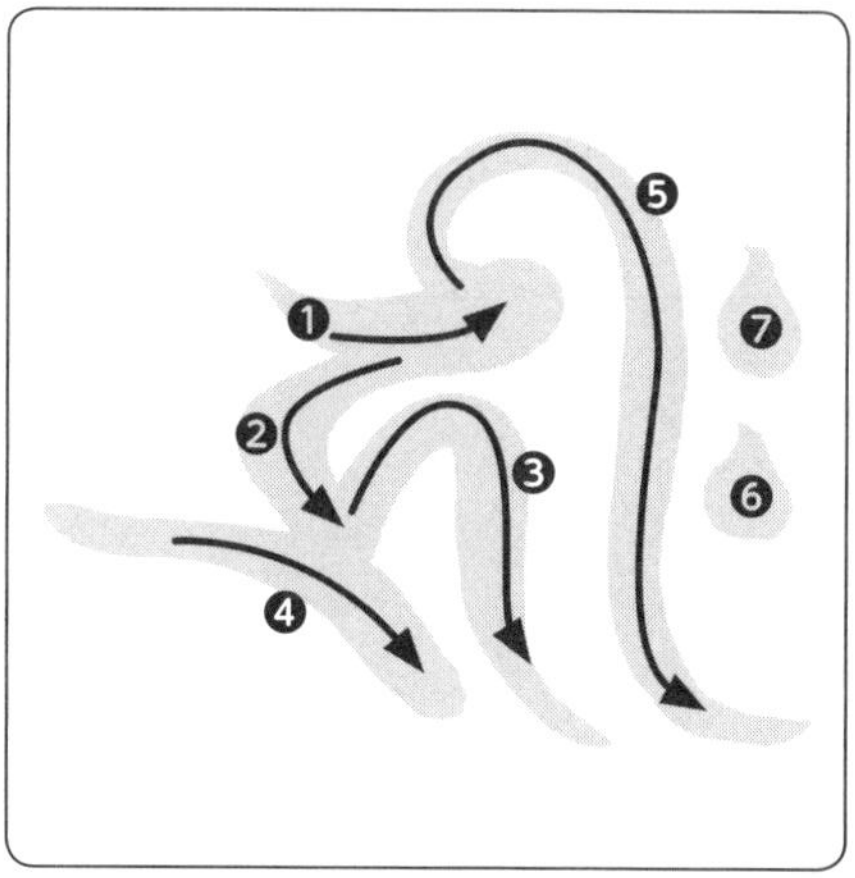
❶
❷
❸
❹
❺
❻
❼

手印

キリークの印

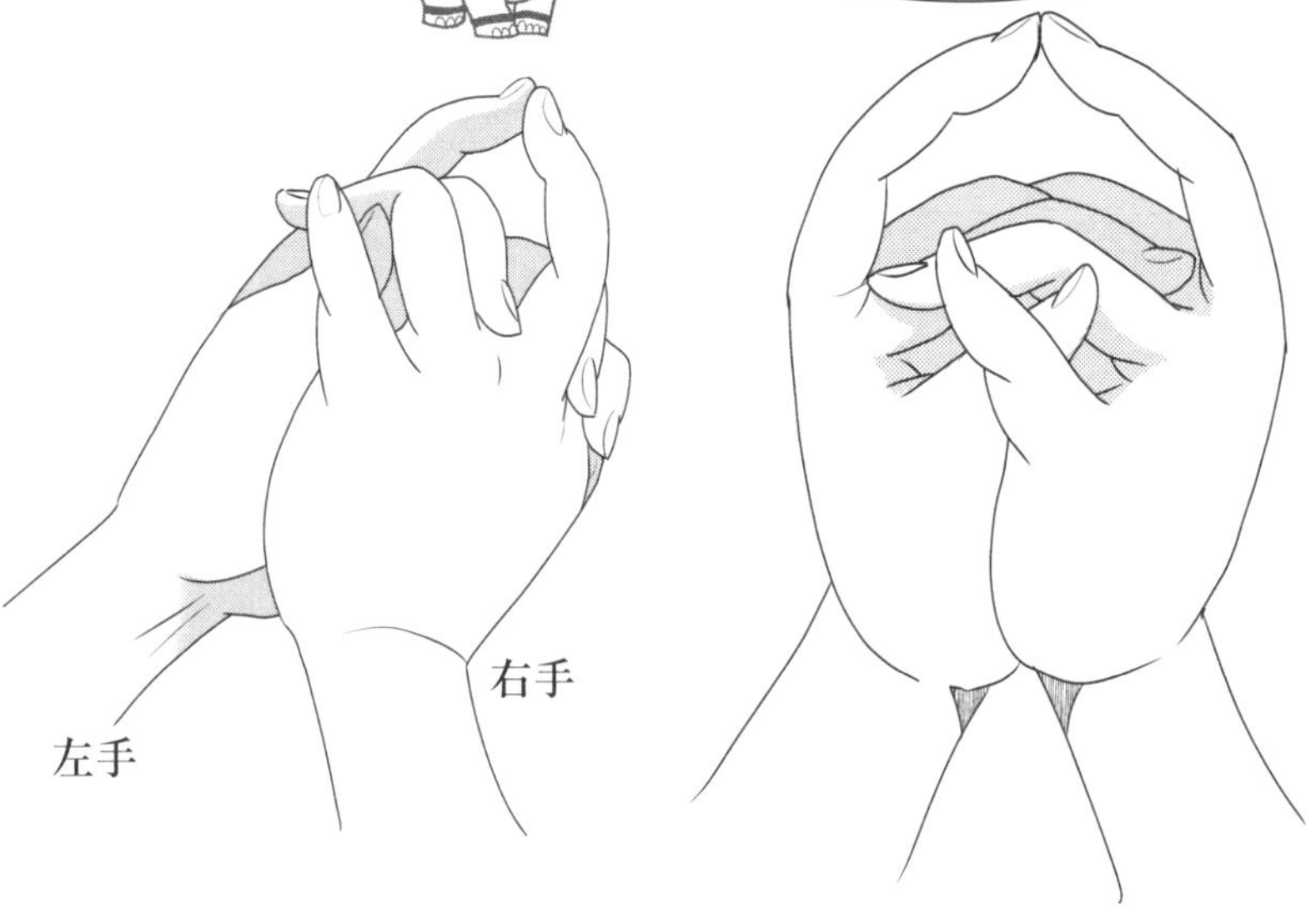

〈右方向から見た図〉　〈自分側から見た図〉

結び方のコツ

右手の指が手前にくるように両手を組み合わせ、中指だけを立てて蓮華の花びらのような形を作ります。

功徳

この印を結んで真言を唱えると、これまでに犯した罪がすべて消えると言われています。

生まれ月の守護梵字　12月生まれ

読み

キリーク

守護仏

千手観音菩薩《せんじゅかんのんぼさつ》

真言

オン　バサラ　ダルマキリ

千本の手で多くの
福徳を引き寄せて
くださる仏様

梵字

筆順

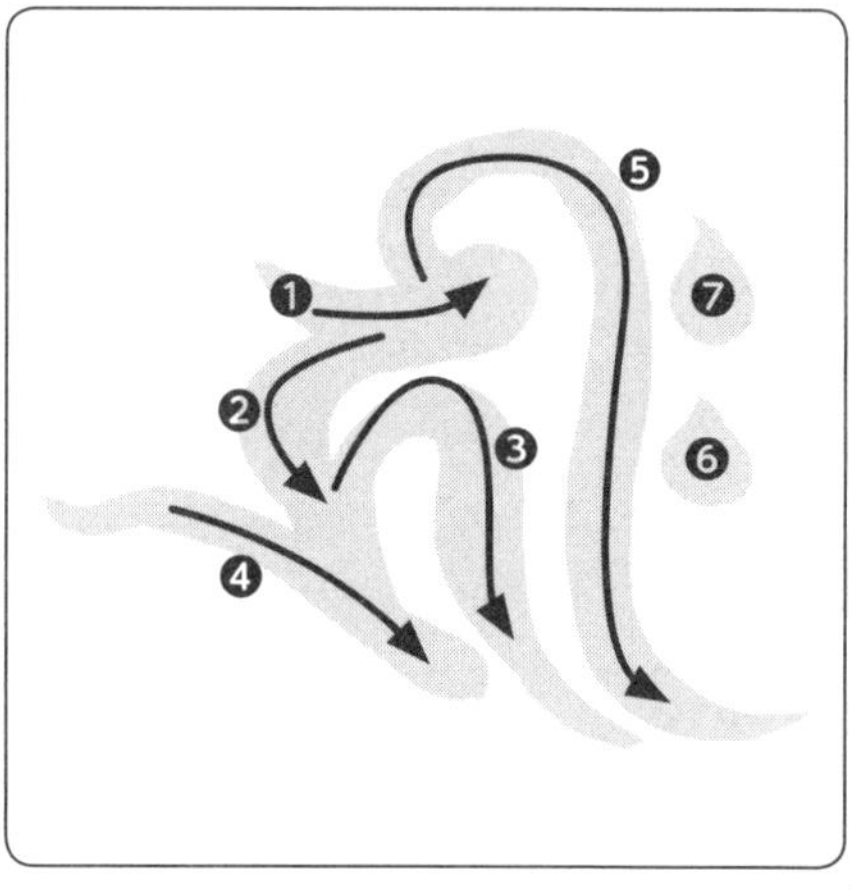

❶
❷
❸
❹
❺
❻
❼

梵字が同じでも仏様によって手印が違うよ☆

手印
キリークの印

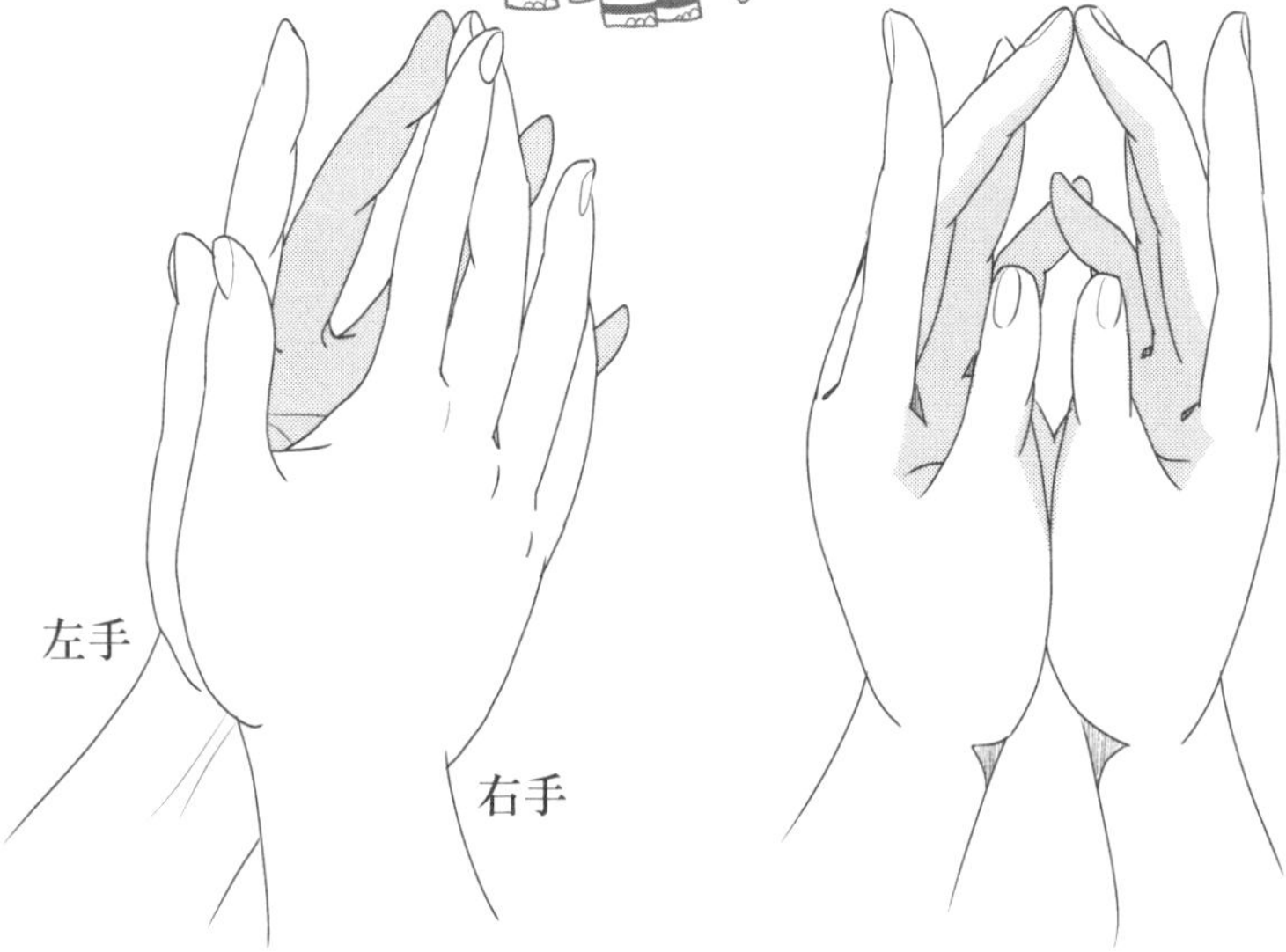
左手
右手

〈右方向から見た図〉　〈自分側から見た図〉

結び方のコツ

合掌をして、右指が手前にくるように指先を交差させた後、中指を合わせて蓮の花びらの形を作り、薬指と人さし指は開いて立てます。

功徳

千手観音が住む浄土・補陀洛山《ふだらくさん》を表す印。願いや希望が満たされ、出世や果報をもたらします。

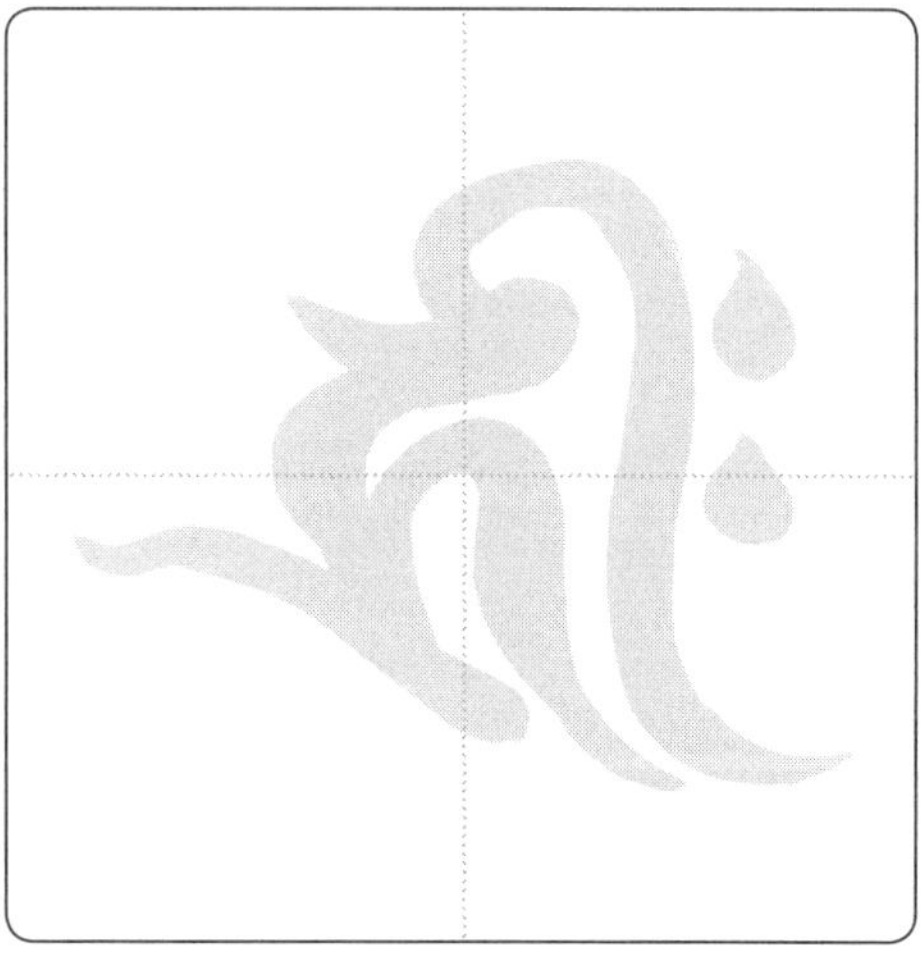

巻末スペシャル付録

お財布やバッグに入れて持ち歩ける

携帯用「金運梵字」

携帯用「金運梵字」の使い方

まずは、あなたの生まれ月の「守護梵字」（89ページ）を点線に沿って切り取ってください。

次に、あなたが望む金運を引き寄せるために、目的に合った「守護梵字」を選んで切り取りましょう。生まれ月の「守護梵字」と重ね、お財布やスケジュール帳、定期入れなどに入れて持ち歩くのが効果的です。さらに、あなたの生まれ年の干支を表す「守護梵字」も加えて三枚重ねれば、願いがより叶いやすくなります。（※十二支の「守護梵字」は前著の『なぞって書いて運がつく！　しあわせを呼ぶ「梵字」』の中で紹介されています）

最強の威力を発揮させたい場合は、最初に生まれ月の「守護梵字」を数回指でなぞり、裏に書かれている「真言」を唱えながら、その梵字の「手印」を結んでください。次に「金運梵字」を指で数回なぞり、裏に書かれている「真言」を唱えながら、その梵字の手印を結びます。自宅だけでなく、オフィスや外出先などでもこまめに行なうと、「梵字」「真言」「手印」の3つの力がより働きやすくなるでしょう。

携帯用「金運梵字」を持ち歩く場合は、紙が汚れてしまわないようにパウチすることをお勧めします。また、部屋やオフィスのデスクなどに貼っておくのも効果的です。大切な人にプレゼントすれば、あなた自身の功徳にもなります。同じ「梵字」が数枚必要であれば、コピーして使ってもかまいません。

また「梵字」は目的が果たされて不要になったからと言って、ゴミ箱に捨ててはいけません。「梵字」には仏様が宿っていらっしゃいますから、封筒などに入れてお寺に納め、きちんとお焚き上げをしてもらいましょう。

給料やボーナスがアップ

金銀財宝に恵まれる

20〜34ページの梵字

商売繁盛

種銭増加

金運上昇

立身出世

蓄財運が上昇

金運招来

20～34ページの梵字 真言

オン マカキャラヤ ソワカ

オン ソラソバテイエイ
ソワカ

ノウマク サマンダ ボダナン
キリカ ソワカ

オン バサラ ダルマキリ

オン アラタンノウ
サンバンバ タラク

ノウマク サマンダ バザラダ
ン センダマカロシャダ ソワ
タヤ ウンタラタ カンマン

ノウマク サマンダボダナン
インダラヤ ソワカ

ノウマク サマンダ ボダナン
オン マリシ ソワカ

ギャンブルに強くなる

お金を生み出す知恵

梵字 36～50ページの

玉の輿運

資金調達

人脈から金脈を

お金が集まる家

宝くじの当選率がアップ

努力に見合った収入

36～50ページの
梵字 真言

ノウマク　サマンダ　ボダナン
ベイシラ　マンダヤ　ソワカ

オン　ボラカンマネイ　ソワカ

オン　キリク　ギャクン
ソワカ

ノウマク　サマンダボダナン
メイ　ギャシャニ　エイ
ソワカ

オン　アロリキャ　ソワカ

オン　ビリチビエイ　ソワカ

オン　ナンダ　バナンダ　エイ
ソワカ

ノウマク　サマンダ　ボダナン
バンバク　ソワカ

盗難・詐欺を回避する

貸したお金を取り戻す

52～62ページの梵字

いまある財産を守る

貧乏神を追い払う

金欠の窮地から救われる

無駄遣いをなくす

52〜62ページの梵字　真言

オン　イダテイタ　モコテイタ
ソワカ

オン　トドマリ　キャキテイ
ソワカ

ノウマク　サマンダ　ボダナン
アビラ　ウン　ケン

オン　ガルダヤ　ソワカ

オン　シベイテイ　シベイテイ
ハンダラ　バシニ　ソワカ

オン　アギャナエイ　ソワカ

9月

4月・5月

生まれ月の守護梵字

10月・11月

6月

1月・2月

12月

7月・8月

3月

生まれ月の守護梵字　真言

ノウマク　サーマンダー
バザラダン　カン

オン　サンマヤ　サタバン

オン　アミリタテイゼイ
カラウン

オン　サンザンザンサク
ソワカ

オン　バザラ　アラタンノウ
オン　タラク　ソワカ

オン　バサラ　ダルマキリ

オン　バサラ　ダトバン

オン　アラハシャ　ノウ

「梵字」と「手印」を日々の習慣に

「梵字」に宿る力には、確かに計り知れないものがあります。その中でも、驚くほどの展開で人生をバラ色に変えた人たちのお話をいくつか紹介しましょう。

医学部入学を目指すも、すでに7浪しているという20代の女性が相談にやってきました。それでも「あきらめたくない」という意志の強さに打たれて、私は彼女に守護梵字を渡すと同時に、知恵と福徳の仏様「虚空蔵菩薩」が宿る「タラーク」の「梵字」を、毎日半紙にしたためるようにと教えました。その後、彼女はお習字のセットを購入。毎日8時間勉強をしながら、一日も欠かさず「タラーク」の文字をしたためたそうです。その結果、翌年の受験にみごと合格。現在はインターンとなり、夢に向かって多忙な毎日を送っています。

履歴書の「職歴」欄が真っ黒になるほど、転職ばかりを繰り返しているという50代の男性が泣きついてきました。いわゆる器用貧乏というタイプです。サラリーマン、塗装業、建築業…あらゆる職についたものの人間関係もうまくいかず、そのために辞職したことも数え切れないと言います。もともと、書をしたためたり絵を描くことが好きだという彼に、私は少々難しい「カンマン」の「梵字」を毎日書くことを勧めました。この「梵字」には仕事運を司る仏様「不動明王」が宿っていますが、「カン」は不動心、「マン」は柔軟な心を表しており、その両方が彼にとって必要だと感じたのです。「梵字」を書き始めた彼は、それからほどなくして自分の長年の夢が飲食業であったことに気付き、自宅の1階部分を大改装して和食店を開きました。現在、そのお店は人気店となり、彼が転職を考えることもなくなりました。

大切な一人息子が近所に住む3人の子持ちの主婦と駆け落ちして蒸発、ノイローゼ寸前まで追い込まれた60代の女性は途方に暮れる毎日を送っていました。必死で息子を探し続けても見つからず、絶望しかけたときに、書店で前著の「梵字」の本を見つけたそうです。すぐに帰宅して一気に読み、親子関係を円満にしてくださる仏様「地蔵菩薩」の「カ」の「梵字」を選んで毎日毎日書き続けました。そうして2カ月が経とうとした頃、何と息子さんが一人でひょっこり戻ってきたのです。問題の女性とはうまくいかなくなり、きれいさっぱり別れたそうです。

『なぞって書いて運がつく！　しあわせを呼ぶ「梵字」』を出版して以来、「梵字」のご利益を授かりたいという目的で訪れる相談者がグンと増えました。そうした方々が、後日うれしい報告を届けてくださる度に、「梵字」が持つ絶大な威力を改めて痛感し、仏様への感謝の気持ちで胸がいっぱいになります。

人が人であるために大切なことは、常にでき得る限りの努力を重ねること、誰かを大切に思う気持ちを持つこと、そして感謝の気持ちを忘れないことだと私は考えています。そして、そんなふうに精一杯頑張って生きている人のもとにこそ、「梵字」に宿る仏様方から「ご褒美」としてありがたい功徳が授けられるのだと信じています。

人生に大輪の花を咲かせ、恵まれた金運を手に入れるために、「梵字」「真言」「手印」に慣れ親しみ、日々の習慣にしていただければ幸いです。

平成25年11月

波羅門　著す

波羅門（ばらもん）

占術家・開運アドバイザー。日本開運総本部所属。

大阪府八尾市生まれ。実家は代々続く「融通念仏宗」の家系。地元でも有名だった祖母と叔母の影響を強く受けて育ち、16歳より占いの鑑定を始める。

あらゆる占術を駆使した鑑定のほか、先祖や守霊との交信、霊視、オーラ鑑定も得意分野。

単に占いが当たるだけでなく、人生を開運に導くことから「新大阪の開運おばちゃん」として有名に。これまでに4万人以上を鑑定、地元大阪では度々テレビにも登場している。

ホームページ　baramon-osaka.com
ブログ「バラモン教のぶつぶつ日記」 ameblo.jp/baramon1023/
著書『悪運の断ち切り方』（大和出版）
　　『なぞって書いて運がつく！ しあわせを呼ぶ「梵字」』（小社刊）

角川フォレスタ
KADOKAWA

なぞって書《か》いて運《うん》がつく！ 金運《きんうん》を招《まね》く「梵字《ぼんじ》」

2013年11月25日　初版発行

著　者	波羅門《バラモン》
発行者	郡司　聡
発行所	株式会社 KADOKAWA 東京都千代田区富士見2-13-3　〒102-8177 電話 03-3238-8521（営業）　http://www.kadokawa.co.jp/
編　集	角川学芸出版 東京都千代田区富士見2-13-3　〒102-0071 電話 03-5215-7831（編集）　http://www.kadokawagakugei.com/
印刷所・製本所	シナノ書籍印刷株式会社
装　丁	菊池　祐（ライラック）
ＤＴＰ組版	星島正明

落丁・乱丁本はご面倒でも、下記KADOKAWA読者係にお送りください。

送料は小社負担でお取り替えいたします。

古書店で購入したものについては、お取り替えできません。

電話049-259-1100（9：00～17：00／土日、祝日、年末年始を除く）

〒354-0041 埼玉県入間郡三芳町藤久保550-1

ISBN978-4-04-653932-8 C0076